赵琴 著

太极拳
授课实录

TaiJiQuanShouKeShiLu

人民体育出版社

王培生先生像

作者与王培生先生夫妇合影

作者习武照

作者偕夫人张凤雪与学生们合影

作者偕夫人与关门弟子合影

书法家李燕刚先生的题词

书法家赵家玺先生的题词

书法家商开乾先生的题词

作者简介

赵琴先生，1926年出生于北京，满族正白旗，老姓伊尔根觉罗。少年时，适逢抗日战争，因不愿做亡国奴，辗转到西北，在甘肃清水的国立十中继续求学。1944年投笔从戎，参加远征军，入缅作战，参加了艰苦卓绝的密支那战役，为取得抗日战争的最后胜利做出了贡献。

1949年以后，在北京电车修配厂工作。自学哈尔滨工业大学的函授课程，"专攻金属切削专业"，能够熟练操作各型车床、铣床、刨床、磨床，成为一名八级技工。

从1952年到1978年的三十多年时间里，由于政治原因，一直以工代干。虽然如此，他仍独自设计制造出空压机、曲轴专用机床以及大型电机锭子专用机床。编制了北京市无轨电车京一型主电机——86千瓦直流电机的全部工艺，并设计了工装设备。

1984年，作为主要设计者研制的645型旅游客车获得成功，并投入批量生产。

1985年退休后，受聘参与中国第一台食品速冻机的设计研制工作，负责机械传动部分的设计及整机制作工艺。

赵琴先生从1978年开始，参加太极拳辅导站的太极拳学习，后成为崇文区代表队成员之一，先后获得两届北京市太极拳团体冠军。

1980年起，从王培生老师学习吴式太极拳，先后掌握了吴式太极拳 37 式、老架 83 式、太极刀、太极剑、太极推手、乾坤戊已功等等。随老师习拳 8 年后，于 1988 年正式拜师入门，成为吴式太极拳第五代传人。

1989 年，协助师兄李和生接办东方武学馆并担任授课工作。

1990 年到江苏淮阴市，办班传授吴式 37 式太极拳等；同年又前往内蒙古巴彦淖尔盟等地开班教学。

1991—1993 年，在北京师范大学办班传授吴式 37 式太极拳及老架 83 式太极拳。

2004 年被聘为杭州市吴山太极拳协会专家顾问。

2005 年被聘为北京大兴鸣生亮武学研究会高级顾问。

2006 年被聘为第 5 届北京市吴式太极拳研究会名誉会长。

2007 年列入《华夏近代传统武林风采》名家录。

赵琴先生潜心研究太极拳，几十年如一日。将吴式 37 式太极拳一招一式的阴阳变化、技击要点和变化都细致分析出来，历时 1 年多，集成《半瓶斋诠注——太极拳的健身和技击作用》一书，于 2007 年 3 月在人民体育出版社出版，10 月第二次印刷，共 1 万册。在全国发行，影响甚广。

在本书中赵琴先生以自己纯熟自如的太极功夫，为 37 式做了全套演练，各个重点均有讲解与技击演练。此教学实录不仅给弟子们在习练时有一份如师在畔的参照，也为广大后学者提供了一份弥足珍贵的教学资料。

序 一

耄耋谱新篇，情系太极春

5年前，也就是2007年3月，赵琴先生81岁的时候，人民体育出版社出版了他的《太极拳的健身和技击作用》一书，把他近30年追随著名武术家、太极拳技击艺术大师王培生先生所学到的拳术技艺，结合自己苦练精研的收获体会，对王培生老师的经典之作吴式太极拳37式，从体、用两个方面，逐式逐动地进行了细致、独到的解析。此书在太极拳界引起了很大反响，获高度评价，为广大太极拳爱好者起到了拨云见日的作用。但是，很多人并不知道赵琴先生在完成这部著作的过程中，始终忍受着头部带状疱疹的剧烈疼痛和昼夜难眠的痛苦。我被他的精神所感动，欣然命笔为他写了"于无声处听惊雷"的代序。

5年来，我经常打听他的健康情况，没有问及过他写作的事。我以为他已经安心颐养天年了，但没想到他又令人欣喜地完成了《太极拳授课实录》这部经典巨著。一天，他打来电话，再次嘱我作序，使我心里很不平静。一位86岁的老人，还这样呕心沥血、奋力急耕为什么呢？我们从他的《太极拳授课实录》的自序中就完全可以窥出其心境。

他既不是为了名利，也不是为了晚年的辉煌。他是为了不让"先辈们许多好的高深武功被带进棺材，成为绝唱"；"不像《兰亭集序》那样葬于地下，成为千古憾事"；为了"青出于蓝而胜于蓝……"不让"一代不如一代的悲剧重演"；为了不让"有志上进之后学，临太极之门径，望洋兴叹"！

他认为："保守这个陋习是最大的丧失武德。"他说："太极拳是民族魂，不是私人财产。"他"希望广大太极同好抛弃门户之见……共同切磋，形诸于笔墨，使太极文化发扬光大……"所以他虽值耄耋之年，仍自强不息，热情传播，苦心研究，笔墨不停，奉献不断，为我们武术人树立了楷模。我相信，武术界只要多有一些像赵琴先生这种具有无私奉献精神的人，中国传统武术的来日会更加辉煌！

赵琴先生的新作《太极拳授课实录》是吴式太极拳37式和老架83式的合刊之作。他之前虽已有吴式太极拳37式的专著，但不同的是这次附有赵琴先生亲自示范的《精讲吴式太极拳技击作用》的DVD光盘。在体、用两个方面讲得都极为细致、独到，使读者既有文字可阅，又有视频可赏，且一看就会豁然开朗。赵琴先生把吴式太极拳37式所有技击动作和他苦练精研30年极为珍贵的体悟成果，毫无保留地奉献出来，给传统武术文化的百花园增添了一份宝贵遗产，对传统武术的发展做出了一大贡献。十分难能可贵！此乃是吴式太极拳同门和太极拳界的一大幸事！

序 一

《太极拳授课实录》一书，合盘推出的老架83式，不是我们现在常见的杨禹廷先生所传授的吴式太极拳（北派）83式，而是王茂斋先生所传授的传统老架。两种套路各式的动作名称基本相同，但动作规范和文化内涵差异很大。杨禹廷先生为了通俗易懂、便于推广普及，用圆周八方线规范拳式动作。王茂斋先生所传的老架83式太极拳则是按易经休、生、伤、杜、景、死、惊、开的八门来规范动作。内涵高古而丰富，与人体经络、脏腑和周易八卦、阴阳五行、天文地理等方面的知识息息相关，其健身、技击、开智作用的理论、方法深奥、有趣，其效果更为明显。杨禹廷先生传授的吴式太极拳（北派）83式，易学、易练、易懂、易于推广普及。王茂斋先生所传授的吴式太极拳老架83式，相比之下要难学、难练、难懂，不易于推广普及，但却是我们追根溯源，进一步摸清古今太极拳的发展变化情况，进一步揭开传统太极拳的精髓、奥妙、真谛，挖掘研究传统太极拳和中国传统文化的好教材，对有志于陟圣造巅、攀登高峰、饱览传统太极拳无限风光的广大太极拳爱好者来说是十分珍贵的，阅后会觉得有曲径通幽、耳目一新之感，对你原来所掌握的拳术技艺会有新的启发、新的激荡、新的补益，会有很大的收获（注：这两种练法不一、内涵不同的新、老83式太极拳套路，都是王茂斋先生和杨禹廷先生分别传授给王培生先生，又经王培生先生再传而流传至今的）。

另外，赵琴先生还在多篇附录中把"太极拳与易经""太极拳站桩要领""太极拳拳理""吴式太极拳所涉及的穴位"等都作了深入浅出的诠释，是太极拳界不可多得的佳作。

写完此序仍觉意犹未尽，我又借与好友、中国当代著名书法家李燕刚先生会面之机请他为赵琴先生题写了"行止无愧天地"几个字，以进一步表达了我对赵琴先生深深的敬意！祝赵琴先生健康长寿！

北京市武术协会委员
北京市吴式太极拳研究会副会长　张全亮
中国武术八段

2012 年 2 月 24 日

序 二

"养生有道，防身有术"的授课实录

太极拳名家、86岁的赵琴先生新著《太极拳授课实录》即将出版，与读者见面，这是他几十年来研究、教学吴式太极拳的殚精竭虑、呕心沥血的结晶。这本书中包括两个部分：王培生先师传授、赵琴先生讲授的吴式太极拳三十七式；第二部分是王茂斋宗师传授、赵琴先生讲授、周鸿策整理的吴式太极拳老架八十三式。在附录中还收录有：赵琴先生写的太极拳与易经、太极拳站桩要领、太极拳理，还录有练吴式太极拳涉及到的主要穴位。

吴式太极拳以柔化著称，动作轻松自然，连续不断，拳式灵活。拳架由开展而紧凑，紧凑中而不显拘谨。推手动作严密细腻，守静而不妄动，亦以柔化见长。

1953年，王培生先生在北京工业学院（现为北京理工大学）教授吴式太极拳时，见学生功课繁重，闲暇时少，应校方之请，将老架八十三式中的重复动作删去，保留三十七式精华，将拳架以六合八法为纲，重新创编，又辅以精辟阐述，以便师生学练。后经杨禹廷老师首肯，公诸社会。吴式太极拳三十七式完全保留了传统拳法的真旨，并且经王培生先师博大理论的诠释，使学练者窥见堂奥，先后在北京和东北地区推广，深受广大爱好者欢迎。1981年，此书正式出版后，很快在全国各地广为传播，先后多次再版印刷，均抢购一空。还曾翻译成多种文字出版远播到海外，影响甚大。曾维祺翻译出版的英文版《吴式太极拳》（三十七式，王培生著）一书，曾被美国宇航局列为宇航员的训练教材之一。2001年3月28日《中国体育报》报道，美国休斯敦宇航中心在飞船发射前，让宇航员演练吴式太极拳三十七式，然后进入驾驶舱。美国科学家认为太极拳是舒解宇航员起飞前心理紧张的最佳手段。

吴式太极拳是从杨露禅宗师所传的太极拳套路演化而来的。清朝道光年间，杨露禅宗师在北京教拳时，全佑是受益最佳的弟子之一，学得杨式大架，后又从杨露禅次子杨班侯学得杨式小架。因全佑事师最孝，学习笃诚，深受杨氏父子宠爱，兼得杨露禅、杨班侯两代大、小架之精华，逐步形成自己的风格，时称他练的拳为中架太极拳，是吴式太极拳最早的雏形。

据《太极功同门录》所记，全佑传人有王茂斋、吴鉴泉、郭松亭等。吴式太极拳的定型是在1902年全佑逝世以后，王茂斋和师弟吴鉴泉、郭松亭等一起经过多年的演练、切磋、研究、提炼、升华，并吸收了其他优秀的太极拳技法，形成了新的拳式特点。中正安舒、不纵不跳、轻柔缓慢、松静自然、紧凑舒伸、圆活灵巧、点打拿发融为一体，广为传播，使吴式太极拳名声显赫，爱好者队伍不断扩大。当时叫"太极功"（见1929年王茂斋编辑出版的《太极功同门录》)。

1928年，吴鉴泉先生南下后，王茂斋先生担起了吴式太极拳在北方发展的重任，经常辅导弟子们在北平智化寺、东堂子胡同等处练拳。20世纪30年代初期，在太庙（今劳动人民文化宫）成立了"北平太庙太极拳研究会"，王茂斋先生主教，其得意弟子杨禹廷先生助教。"北平太庙太极拳研究会"是当时太极拳爱好者学习、活动的群众组织和主要场所，亦是太极拳高手云集，名宿、商界及各行业人士练拳、交流之处。王茂斋先生在全佑逝世之后，一直闻鸡起舞，苦练精研，广收门徒，传艺不止，苦心经营近四十年，培育了众多的武林高手，并把技艺推广到山东、东北等地。主要弟子有彭仁轩、赵铁庵、杨禹廷、修丕勋、曹幼甫、李子固、王子英（子）、刘光斗、王历生（侄子）等一百多人。

吴式太极拳老架八十三式，由王茂斋先生口传亲授给再传弟子王培生先生。20世纪90年代初，王培生老师开始在《人民日报》社、舞蹈学院、国家教委等单位开班传授吴式太极拳老架八十三式。1995年，赵琴老师和师弟张伟一老师带领日本、韩国四名入室弟子，在王培生老师家中学老架八十三式数月，又进一步得到王培生老师亲传。

赵琴先生1926年出生于北京，满族，正白旗，觉罗氏。学生时期曾参加过中国抗日远征军，跟随以"飞鹰将军"孙立人为代表的爱国抗日将领，赴印度、缅甸战场抗日，历经千辛万苦，打出了中国军人的英勇善战、坚贞不屈的精神。

新中国成立以后，赵琴先生多年从事机械加工工作，刻苦钻研，熟练操作车床、铣床、钻床、刨床、磨床等多种机床，后又自学成才，成了一名机械工艺设计师，参与设计、制造了645型旅游客车、中国第一台食品速冻机等，受到有关部门的表彰和嘉奖。多年风风雨雨的生活磨炼，成就了他坚韧不拔的性格和"行胜于言"的作风。

一位86岁的老人，长年坚持到公园教拳、研究推手技艺、著书立说，毅力惊人，精神堪称楷模。正是这种优良的品德，使他钟爱传统文化、演练太极拳，30年来持之以恒。多年的机械工艺设计工作，养成了干事细致认真、一丝不苟、重视规范的工作作风和精益求精的精神。他以加工精密机件的细致入微的作风来研究演练太极拳，对太极拳的每招每式的运动轨迹、方向、意念都研究得深入细致。为了深研王培生先生的吴式太极拳三十七式，多次从头学起。当年王培生先生在承德市教拳，赵琴先生就跟到承德市学习。他把王培生先生的吴式太极拳三十七式一招一式都仔细体悟，反复玩味，广泛交流，把王培生先生书上写的、课堂上讲的、示范时联想发挥的，都一一记录，并反复实践、验证，并得出自己的体会。如果说王培生先生是在保护中传承传统武术的榜样，又是在创新中发展传统武术的楷模，赵琴先生就是忠实地继承了王培生先生的优良传统。

多年来，赵琴先生培养了众多优秀的太极拳人才。例如，韩国弟子朴钟球，他悟性好，认真刻苦，学有所成，现在韩国首都首尔开办身心修炼中心（武馆），传授中国

的传统太极拳，在韩国影响甚广，还担任了韩国武术太极拳联盟的领导职务。

赵琴先生曾多次在北京吴式太极拳研究会和北京理工大学工会联合举办的太极文化讲座上，讲授过"吴式太极拳经典拳式——揽雀尾——动作解说与用法""如何避免双重"等，受到好评。曾应邀在江苏淮阴市和内蒙古巴颜淖尔盟、锡林格勒盟，以及北京师范大学教授吴式太极拳三十七式及吴式太极拳老架八十三式，受到爱好者的欢迎。赵琴先生出版的其他著作还有《半瓶斋诠注"太极拳的健身和技击作用"》（人民体育出版社出版）。

在"半瓶斋"里，赵琴先生与"黄金搭档"（贤内助、夫人张凤雪）"看经文、读文史、会拳友，试法过招"，他们不仅有"以文观法"之智慧，更擅长"以形鉴真"的才能。在三十七式和八十三式总纲的基础上，结合"三导""三多"（易导、生理导、经络导；多方面、多角度、多层次），大视野地阐发述明，完善三十七式和八十三式"言犹未尽"之处。深研三十七式和八十三式也是爱好者和习练者的传承需求。"半瓶斋"主人做到"常后而不先，常应而不倡"，予人之所思，授人之所想的求实治学美德。

《荀子·劝学篇》中指出，"锲而不舍，金石可镂"。赵琴先生正是这种"锲而不舍"作风的典范。在一些人心态浮躁的当下，尤其需要提倡这种作风。

建设文化强国是现在的当务之急。武术太极拳文化是中华民族优秀传统文化的珍宝，相信赵琴先生和他的弟子们奉献出的这本《太极拳授课实录》一书，必将丰富武术太极拳文化的宝库。爱好者、演练者如能从中读懂、读通而又得其要旨，将会步入"养生有道，防身有术"的境界。一书在手，终身受益。

周世勤

壬辰年　雨水　子时　于北京中关村西区　励勤书屋

·　注：周世勤系北京市武协理事、学术委员会副主任、北京吴式太极拳研究会常务副会长；王培生先生弟子，中国武术八段，全国优秀武术辅导员；航天三院教授。

目 录

第一章 八十三式太极拳授课实录 …………… （1）

 作者自序 ……………………………………… （2）
 第一节 八十三式太极拳动作名称 ………… （4）
 第二节 八十三式太极拳动作分解 ………… （6）

第二章 三十七式太极拳授课实录 …………… (165)

 第一节 三十七式太极拳动作名称 ………… (166)
 第二节 三十七式太极拳动作分解 ………… (171)

第三章 太极原理重点讲解 …………………… (309)

 一、太极拳与易经 …………………………… (310)
 二、如何克服双重之病 ……………………… (314)
 三、细析揽雀尾 ……………………………… (317)

第四章 弟子心语 ……………………………… (323)

后记 ………………………………………………… (335)

第一章 八十三式太极拳授课实录

王茂斋 传
王培生 授
赵琴 讲

作者自序
要打个明白阴阳哲理的拳

吴式太极拳老架八十三式，是吴氏第二代掌门人王茂斋先师口传心授给再传弟子王培生（王培生老师是第四代掌门人）老师的。当时社会上所练的传练的吴式太极拳是传统套路，是杨禹廷师爷（第三代掌门人）所授的八十三式，分解为326动。到1980年，杨禹廷师爷96岁高龄，无病安详辞世。上世纪90年代初，王培生老师开始在《人民日报》社、舞蹈学院、国家教委等单位开班传授吴式太极拳老架八十三式。1995年，本人和师弟张伟一带领日本、韩国四名入室弟子，在老师家中学此拳数月，又进一步得到老师亲传。四弟子中的韩国弟子朴钟球悟性好，认真刻苦，学有所成。现已在韩国首都首尔开办武馆，传授中国的传统太极拳，在全韩影响甚广。

1997年，本人应本市北城一带诸同门的要求，在北京师范大学开班教练此套老架八十三式。此套路名称、顺序与杨禹廷师爷的八十三式雷同，但内涵及动作差异很大。例如，杨师爷所授套路中的九个揽雀尾都一样，只有隅步、正步之分，但这套老架八十三式九个揽雀尾则有九个不完全相同的内容。第一个揽雀尾走任、督二脉，第二个揽雀尾为十六肘拜八门，第三个揽雀尾为一阴一阳掌，第四个揽雀尾为狮子大张嘴等。杨禹廷师爷用按圆周360°划分的八方线，代替传统易经的八门来规范动作，而此老架套路强调易经的休、生、伤、杜、景、死、惊、开不同内涵的八门来规范动作，一举手，一投足，均与人体的经络腧穴相关联，充分体现了内家拳的特点。我个人体会，盘这套拳时，有如行云流水，毫无勉强生涩之感，这就是太极拳顺乎自然求自然的具体体现，它在健身方面能起到事半功倍的效果。

我在北师大教此拳时，着重讲解王培生老师所强调的东方易经的阴阳哲理。具体到太极拳中的体现是"阴阳脚下分，阴静实，阳动虚"这个铁的原则，结合西方生理学的交互神经的对应点和中医内经的循经走穴。这样的讲述，就把一般人常说的"以心行意，以意导气，以气运身"的拳理再深一步，弄清每招每式每动意在哪里，将拳理具体运用到盘拳的每一式，每一动，及散手、推手的实践中去，使阴阳虚实的脉络分明，这就是王培生大师一脉相传的吴式太极拳的教学特点。这叫明理，明太极阴阳哲理。打拳，要打个明白阴阳哲理的拳。王培生大师有句名言，也是我们作弟子的座右铭："习太极拳，太极哲理不可须臾离也，可离，非太极拳也。"

1997年我在北师大教拳时的授课录音，由我的师弟孙国梁（高级工程师）和张伟一（工会工作者）整理成册，供拳友们学习参考。自2001年至2006年，我又先后在元大都遗址公园和奥体中心讲授此套拳，并将我本人在数年中的点滴研悟和提高，结合授拳随时作了具体介绍。我的学生周鸿策学习非常用心和认真，根据我近几年的授课、说拳，结合他数年的听课记录，在先前孙、张二位所印小册子的基础上，整理出一份较系统的学习材料，将吴式太极拳老架八十三式分解成338动，我认为这份材料有助于更好地理解这套拳的内涵，提供同好者参考、切磋。

另外，此书未谈及各式各动的技击作用，技击问题可参阅我的拙作《太极拳健身与技击诠注》（人民体育出版社出版），此书已详尽叙述吴式拳一招一式一动的技击要领，在本书中不再重述。

在此感谢孙国梁、张伟一两师弟和我的学生周鸿策同志，为完成本书付出的繁重劳动。

二〇〇六年初冬

第一节　八十三式太极拳动作名称

无极式（预备式）
第一式　太极起势
第二式　揽雀尾（1）
第三式　斜单鞭
第四式　提手上式
第五式　白鹤亮翅
第六式　搂膝拗步
第七式　手挥琵琶
第八式　上步搬拦捶
第九式　如封似闭
第十式　抱虎归山
第十一式　左右斜步搂膝
第十二式　隅步揽雀尾（2）
第十三式　斜单鞭
第十四式　肘底看捶
第十五式　倒撵猴

第十六式　斜飞式
第十七式　提手上式
第十八式　白鹤亮翅
第十九式　搂膝拗步
第二十式　海底针
第二十一式　扇通臂
第二十二式　撇身捶
第二十三式　卸步搬拦捶
第二十四式　上步揽雀尾（3）
第二十五式　单鞭
第二十六式　云手（180°）
第二十七式　左探马
第二十八式　右分脚
第二十九式　右探马
第 三 十 式　左分脚
第三十一式　转身蹬脚

第一章 八十三式太极拳授课实录

第三十二式	进步栽捶	第五十八式	海底针
第三十三式	翻身撇身捶	第五十九式	扇通臂
第三十四式	右蹬脚	第六十式	撇身捶
第三十五式	左右打虎	第六十一式	上步搬拦捶
第三十六式	提步蹬脚	第六十二式	上步揽雀尾（6）
第三十七式	双风贯耳	第六十三式	单鞭
第三十八式	披身蹬脚	第六十四式	云手（360°）
第三十九式	转身蹬脚	第六十五式	高探马
第四十式	上步搬拦捶	第六十六式	扑面掌
第四十一式	如封似闭	第六十七式	十字摆莲
第四十二式	抱虎归山	第六十八式	搂膝指裆捶
第四十三式	左右斜步搂膝	第六十九式	上步揽雀尾（7）
第四十四式	隅步揽雀尾（4）	第七十式	单鞭
第四十五式	斜单鞭	第七十一式	下势
第四十六式	野马分鬃	第七十二式	上步七星
第四十七式	玉女穿梭	第七十三式	退步跨虎
第四十八式	进步揽雀尾（5）	第七十四式	回身扑面掌
第四十九式	单鞭	第七十五式	转身双摆莲
第五十式	云手（270°）	第七十六式	弯弓射虎
第五十一式	下势	第七十七式	上步错捶
第五十二式	金鸡独立	第七十八式	揽雀尾（8）
第五十三式	倒撵猴	第七十九式	单鞭
第五十四式	斜飞势	第八十式	上步错掌
第五十五式	提手上势	第八十一式	揽雀尾（9）
第五十六式	白鹤亮翅	第八十二式	单鞭
第五十七式	搂膝拗步	第八十三式	合太极收势

第二节 八十三式太极拳动作分解

太极拳又有"太极十三势"的名称。所谓十三势，也就是"八门五步"。"八门"亦称八法，即掤、捋、挤、按、采、挒、肘、靠（也称八方，即四正和四隅）；"五步"即前进、后退、左顾、右盼、中定。学习太极拳首先应该弄懂"八方"与"五步"的说法和理解以圆周360°划分的运动角度。

无极式（预备式）

面南而立。人体背后的督脉属阳，大自然的北面（为坎卦）属阳；人体前面的任脉属阴，大自然的南面（为离卦）属阴。练功时面南而立，人体的阴阳和大自然的阴阳相一致。由于同性相斥，人体在练功时产生的气场不会被大自然的气场所吸收。

两眼平远视。神意内敛，不接受外界事物的影响，做到面前有人似无人。

搭鹊桥。舌尖抵上腭，将任、督二脉接上，此为通大小周天的先决条件。

两臂自然下垂。两手中指贴于左、右大腿外侧的风市穴。意念在两食指尖扎地，两肩、肘、腕向下松垂。

两脚平行站立。两脚内侧相距一个顺脚宽。两脚平行，两肾俞穴相合，腰呈圆柱形，否则腰是扁的。吴式拳的步法要求是川字步，两脚须平行。

(1) 调形

全身放松。全身关节对拉拔长，节节贯穿，入地植根，使全身的每个关节产生间隙。意想皮与肉分离，肌肉与骨分离，感到全身有膨胀感。上肢：两手十指扎地，依次为梢节、中节、根节。前臂不动，腕关节往地下拔；上臂不动，肘关节往地下拔；肩关节往地下拔。下肢：两足大趾往前顶，踝关节往上拔；膝关节往上拔；胯关节往上拔。躯干：尾闾下坠；腰椎五节、胸椎十二节由下而上逐节逆时针向上旋起拔开；颈椎七节，只想下颌缓缓回收，即可放松。调形完毕后，使头部虚领顶劲，两耳垂肩，鼻对胸。（图 1-0-1）

图 1-0-1

(2) 调息

一呼一吸为一次调息。我们要的是拳式（逆式）呼吸。吸气时，肚脐回贴命门，大椎骨节节起来，内气从照海穴经阴跷脉到丹田；呼气时，命门催开肚脐，大椎骨节节落下来，内气从丹田到会阴再到环跳，经阳跷脉，到大足趾入地植根。共调息三次。外气是鼻孔呼吸。

(3) 调神

要求无杂念，心静神宁，什么都不想，专心致志，一心练拳。一意破万念，意守破杂念。

在调形、调息、调神后，使其达到松静，达到松空圆活的妙趣。如李道子所说："无形无象，全身透空。"物极必反，静极生动，开始练拳。

第一式　太极起势

本式共4动。

1. 两掌前掤

两手微握，掌中如有一个小气球，拇指微上翘并与食指虚合（留有一空隙），松腕，以合谷穴为引导，沿向前、向上的大弧线飘移，向前、向上托球；当两臂向上舒伸到45°时，感觉球重，此时沉肩坠肘，意想拇指中商穴似流星升空，拇指少商、老商两穴追赶中商到高空，直到两合谷穴与肩同高同宽，两掌指尖微屈，向前松垂，两掌心相对；重心在两脚，意在两掌心；视线向前平远视。（图1-1-1）

2. 左脚横移

意想拇指的少商穴、中指

图1-1-1

的中冲穴、食指的商阳穴、无名指的关冲穴顺次托天；此时两掌心翻转向上，两掌稳稳地将球托着。随即两手托起的球慢慢地向西南漂移，顺序离开了右拇指、食指、中指、无名指、但未离小指，于是拇指、食指、中指、无名指、小指依次向右前方追球，随之重心向右移至右脚，右臂继续向西南（右前方）舒伸；左脚自动向左横开，左大趾虚着地，未落实，两脚内侧为一横脚宽，两脚外缘与肩同宽，重心在右脚，意在右掌心；视线随右掌食指平远看。（图1-1-2）

3. 两脚平立

左脚大趾、二趾、三趾、四趾、小趾随右掌小指、无名指、中指、食指、拇指依次往回勾球，而逐一落实；重心移至两脚中间，两脚外缘与肩同宽；右掌托球平移至正前方，两掌心向上，与肩同宽同高；继而想两掌的后溪穴，意念以中指为轴，四指为轮，随后溪穴一点旋转，两掌自然翻转，掌心朝下，轻扶在漂浮的球上；重心在两脚，意在两掌心；两眼向前平远看。（图1-1-3）

图1-1-2 　　　　　　　　图1-1-3

4. 两掌下采

两掌向下按球，按球不想球，意想两腿内侧阴跻脉上的照海穴、足太阴脾经上的阴陵泉穴、任脉的会阴穴、足少阳胆经的环跳穴、督脉的命门、经外穴夹脊、督脉上的大椎穴、足少阳胆经的肩井穴、手阳明大肠经的曲池穴、手少阳三焦经的阳池穴、手厥阴心包经上的内劳宫穴，依次向下松垂；意导气、气运身，于是自动地松踝、提膝、松胯、松腰、沉肩、坠肘，身体屈膝下蹲；意想尾闾够鼻尖、膝尖切大敦穴、虚领顶劲、溜臀；两掌指尖向前下方舒伸，两掌随屈膝下蹲而自然向下松落、平按，两臂微屈，两掌轻扶在气球上，按到两臂自然垂于股骨两侧，两拇指轻顶在两风市穴处，掌心向下，虎口朝前；重心在两脚，意在两掌心；眼向正前平远看。（图1-1-4）

图1-1-4

第二式　揽雀尾（1）

本式共8动。

1. 左掌平按

意想见一球自远处冲来，随即重心右移，右腿屈膝独立，左腿松力微向右提起，两腿阴陵泉相贴，左腿向左后撤步；同时两臂以合谷为引导向前掤起，与肩同宽，两掌心遥相对（图1-2-1）；左脚尖先着地，向后坐身，意想膻中穴留在原处，左脚逐渐落平，体重移向左腿，右脚跟虚起，脚尖着地，成左正步坐势；重心边后移，两掌自面前边向体两侧划弧分开，两掌心向前，同肩高，这叫见入则开，以吸纳、卸掉对方来势，是为引进落空；意在左掌心，两眼向前平远视。（图1-2-2）

图1-2-1    图1-2-2

此时该球已进入手足圈内，于是左掌以外劳宫穴自左侧向右推球，到左掌的后溪穴与右大趾内侧隐白穴上下相对；接着右掌自右侧向左舒伸到左臂曲池上方，掌心向东北（图1-2-3）；两臂虚合的同时弓右膝，重心前移至右腿，左腿松力，上左步，脚跟着地，成右正步坐势；重心在右脚，意在右掌指尖；两眼自左掌拇指尖平远看，这叫遇入则合。（图1-2-4）

图 1-2-3　　　　　　　　图 1-2-4

2. 右掌伸挤

身体重心前移，左腿屈膝前弓，成左正步弓势；同时右掌自左臂曲池上方向东南舒伸，掌心朝东北；左臂为一横，右臂为一竖，两臂成剪刀势；意想用肚脐顶球，出挤劲；重心在左脚，意在左掌心；视线随右食指尖向东南隅平远看。（图1-2-5）

3. 右掌平按

意念右掌小指盖托天，依次想到大拇指盖托天，使右掌心翻转向下；而后眼观八方线，手追眼神，右掌自东南经正南到西南向右后平捋；捋到西南时

图 1-2-5

右脚跟内收，脚尖朝正西，右掌平捋到正西时扣左脚掌，左脚尖亦向西（图1-2-6）。右掌捋到正北时，右掌心由向下转为掌心向左，成立掌，两掌又一次向两侧分开；此时由左正步弓势变为右正步弓势。

右掌以外劳宫穴向左推球，到右掌后溪穴与左足大趾隐白穴上下相对，同时松左胯、沉左肩，身体重心后移于左脚，右脚跟虚起，向右前微移步，调整与左脚的距离，脚跟着地，由右正步弓势变为左正步坐势；同时，左立掌向右舒伸到右臂少海穴下方，掌心朝东北，两臂虚合；重心在左脚，意在左掌指尖；两眼由右掌拇指尖平远看。这是又一次遇入则合。（图1-2-7）

图 1-2-6

图 1-2-7

4. 左掌伸挤

身体重心前移，右腿屈膝前弓，右脚落平，成右正步弓势；同时，左立掌从右臂少海穴下方向西北舒伸，掌心朝东北，右臂为一横，左臂为一竖，两臂成剪刀势；意想肚脐顶球，出挤劲；重心在右脚，意在右掌心，视线随左食指尖向前平远看。（图1-2-8）

5. 左掌前掤

意想右掌自拇指盖至小指盖依次托天，使右掌心翻转朝下，指尖向西南，后令两掌虚合，右上左下，两掌的大陵穴找中冲穴，中冲穴再找大陵穴，两掌内劳宫穴遥遥相对；腰微右转，逐渐由右正步弓势变为左正步坐势，右脚跟虚起；两掌抱球沿外弧微右后捋；随后左转腰，两掌走内弧线，向左前掤，先以左掌后溪穴（后溪为督脉之根）遥对右乳根穴，右脚小趾扣一扣地，背部的右膏肓穴有感应，再以左掌后溪穴遥对膻中穴并后透夹脊、至阳穴，右脚中趾扣一扣地，同样有舒适感；再微左转腰，使左掌后溪穴遥对左乳根穴，并后透左膏肓穴，右大趾扣一扣地，背部的左膏肓穴有反应（图1-2-9）。此时重心后移成左正步坐势，右脚跟虚起，脚尖着地；两掌虚合，以左掌列缺穴（列缺为任脉之根）为引导，以腰为轴，向左前走外弧线，左掌以掤劲向西南移动，沿外弧线经正西掤到西北；此时逐渐由左正步坐势变右正步弓势，重心在右脚，意在右掌心；眼神随右掌食指尖平远视。（图1-2-10）

图1-2-8

图 1-2-9 　　　　　　　　图 1-2-10

6. 右掌前掤

阴阳掌互换，使两掌左上右下，同样要做到两掌的中冲穴找大陵穴，大陵穴找中冲穴，两掌内劳宫穴遥遥相对；再以左掌列缺穴为引导，以腰为轴，自西北开门，先沿外弧右后掤，再走内弧线，使左掌列缺穴遥对右乳根穴，后透右膏肓穴，右足小趾指天；再以左掌列缺穴遥对膻中穴并后透夹脊、至阳穴，右脚中趾指天；腰再微左转，使左列缺穴遥对左乳根穴并后透左膏肓穴，右大趾指天。此时已由右正步弓势变为左正步坐势，右脚跟着地，右脚尖翘起（图1-2-11）；两掌仍虚合，左上右下，再以左掌后溪穴为引导，以腰为轴，向左走外弧线，右掌以掤劲向西南移动，沿外弧掤到正西，随之两掌由上下虚合逐渐变为左掌轻扶右脉门，意想右掌五指自拇指盖至小指盖依次贴地，向西北伸展前掤；此时逐渐由左正步坐势变右

正步弓势，重心在右脚，意在右掌心；眼神随右掌食指尖平远看。（图 1-2-12）

图 1-2-11

图 1-2-12

7. 右掌后掤

以右掌拇指为引导，右掌向右后方走外弧线向右后反采，松右肩、右肘、右腕，身向后坐，左掌随右掌动，扶于右脉门；当右拇指指向东北时，意想左肩自身前与右胯合，右胯向下松力，沉右肩坠右肘，令右拇指遥对右地仓穴；右脚尖翘起，变为左正步坐势，重心在左脚，意在左掌心；视线随右食指尖动。（图 1-2-13）

8. 右掌前按

左转腰，右拇指找右地仓穴、左地仓穴，意想左手粘着右手动，要体现肩与胯合、肘与膝合、手与足合；随腰左转，右

第一章 八十三式太极拳授课实录

脚左扣，脚尖朝南，身随步转，面朝南偏东，左脚尖朝西，重心仍在左脚；意想左胯背后催右肩，右掌舒伸推空气，向前（东南隅）按掌；身体重心后移至右脚，左脚掌着地，脚跟虚起；然后右转腰，右掌向右后旋腕，自东南转向西南；左脚掌为轴，脚跟里收虚起，与右脚成丁虚步；左手指尖随动，轻扶右脉门；重心在右脚，意在右掌心，视线随右食指尖平远看。（图1-2-14）

图1-2-13 　　　　　　图1-2-14

注：后溪穴属手太阳小肠经，是督脉交会于手太阳小肠经的一个"输"穴（即经气所灌注之处，如水流由浅入深，故称"输"），所以后溪穴通督脉。列缺穴属于手太阴肺经的络穴（有联络的意思，十四经各有一条络脉，因此也有一个络穴），是任脉交会于手太阴肺经的一个"络"穴，所以列缺通任脉。

第三式 斜单鞭

本式共2动。

单鞭一式喻竖腰、立顶、蹲身动作为鞭竿，喻两臂展开动作为鞭梢，即以鞭竿坐劲而力贯鞭梢之意。体现上下相随。

1. 右掌变钩

右掌探向西南死门（为主动），同时左脚向东北生门后撤一大步（为从动），此时左脚大趾虚点地面，能抬起，而后右掌小指扣地，左足大趾碾地落实像"逗号"一样；接着无名指扣地、左足二趾落实；然后依次右中指、食指及拇指依次扣地，同时左脚中趾、四趾、小趾逐一落地；坐腕时，左脚掌落实，右掌五指松拢变钩，右腕松力，突出阳池穴，钩尖向下松垂，拇指与食指虚合，掌心如握一气球，左掌仍扶右脉门；左脚掌已落实，左脚跟虚起，重心仍在右脚，意在右钩；视线自左掌食指尖平远看。（图1-3-1）

2. 左掌平按

坠右肘，同时左膝自屈，沉右肩，左胯自坐，此时为手、肘、肩、身，自右至左，节节贯穿；左掌以食指引导，由右腕下向前上舒伸（实为右腕下沉），再逐渐向左沿外上弧形移动，左掌心与眼相平，视线自左掌食指尖上方平远看，左掌移到两脚正中时，左脚跟内收落平；腰部松垂，重心渐分落于两脚，成马步；左掌以小指引导，掌心逐渐往外翻转，至左脚尖前外上方为止，掌心朝外（东北），指尖向上，腕与肩平；胸向东南杜门；左掌发力时，意在右钩阳池穴，右脚跟外展舒正，两

脚尖朝东南方向，重心在两脚，意在两掌心；视线随左掌食指尖平远看。（图 1-3-2）

图 1-3-1　　　　　　　　图 1-3-2

第四式　提手上势

本式共 4 动。

1. 右抱七星

腰微左转，掌随身动，右钩手变掌，随势向小腹左下方松垂，下采到左气冲穴（脐中下 5 寸，距前正中线 2 寸）（图 1-4-1）；重心左移，成左侧弓步，右脚跟虚起内收，脚尖朝南；右手抓出五脏六腑随右转腰将其抛向西南方（实际是撩打）；同时向右扣左脚，摆头向南，重心右移，成右正步弓势，左掌采向右脚（实际采对方的右腕）（图 1-4-2）；然后松腰坐胯，沉左肩、坠左肘，重心再移于左脚，右脚跟虚起，继而脚尖上仰，右脚跟着地，成左正步坐势；同时，右掌回捋，经左前臂内侧上掤，掌心转朝内，右掌拇指遥对鼻尖素髎穴，左掌回收贴于右臂弯处，成右抱七星状；重心在左脚，意在左掌心，两眼从右掌拇指尖向前平远视。（图1-4-3）

2. 左掌打挤

意想松左肩、坠左肘，左掌移到右脉门处相贴，这时右腕像断了一样，自动横落于胸前，右掌心向内，指尖向左，左掌心向前，指尖朝天，左手指尖与鼻尖等高对正，然后左掌打挤；与此同时右脚落平，右膝前弓，膝尖垂直于右足大敦穴，左腿在后蹬直，形成右正步弓势；重心在右脚，方向正南。挤时对方一含胸，我右前臂微内旋，左掌根透右脉门，微向前下扣。意想夹脊穴找涌泉穴，脊背有微向后倚之意；重心在右脚，意在右掌腕，视线随左掌食指尖平远看。（图1-4-4）

图 1-4-1　　　　　　　　图 1-4-2

图 1-4-3　　　　　　　　图 1-4-4

3. 右掌变钩

右掌五指松拢变钩。掌变钩时，腕不动，掌不动，仅五指变钩，意将五脏抓出，即出内劲（寸劲）；右钩向前上方顺任脉上提（实际是托击对方下颌），同时左掌心向下，指尖向右，向下按（如按在右足大敦穴上）；随右腕上提而虚领立身，左脚随右钩上提跟步，收至右脚内侧并齐；右钩提到略高于头维穴，左掌按到脐下；重心在右脚，意在右腕，眼神随右钩食指仰视上方。（图1-4-5）

4. 右钩变掌

右钩上提到略高于头维后，五指依拇指、食指、中指、无名指、小指的顺序扎天，松钩变掌上插，掌心向外前上方，左掌自脐下按压；重心移至左脚，意在左掌心下按大敦穴，眼从右掌食指尖仰视上方。（图1-4-6）

图 1-4-5　　　　　　　　　图 1-4-6

第五式　白鹤亮翅

本式共 4 动。

1. 俯身按掌

收腹松腰，逐渐向前俯身；手随身动，左手轻扶对方后腰，松右腕、右肘、右肩，右掌下按（盖堵对方的呼吸器），眼神随右掌食指尖动；俯身到右掌，掌心向下与肩平，即按到右食指盖对正眼睛时（似鞠躬 90°），视线过渡到左掌食指尖，左掌向下按至极度；两腿直立俯身，膝部不要弯曲，重心在左脚，意在左掌心，视线由右掌食指尖向前平远视。（图 1-5-1）

2. 左转翻掌

左腕松力，左掌指尖下垂，眼看左掌中指盖，中指盖不让看，看食指盖，也不让看，再看拇指盖，此时翻左掌，掌心向上，用指肚托眼神，而眼神看右肘，使左掌心向前向下掖掌，以拇指引导左掌翻转向正东，外移到左脚心外侧为度，视线移于左掌中指尖，右掌不动，只随腰从右转到正东，掌心向外；重心在左脚，意在左掌掌心；视线由左掌中指尖向下看。（图 1-5-2）

图 1-5-1　　　　　　　　图 1-5-2

3. 左掌上掤

重心在左脚，先想左掌入地三尺，再想左掌向东豁沟至无限远（图 1-5-3），左掌上掤，身随掌起；当左掌伸至头上方，身体直立并转向正南，右掌随之转向正南，两掌心均向前，十指尖向上；重心在左脚，意在左掌心；视线由两掌中间向前上方仰视。（图 1-5-4）

图 1-5-3　　　　　　　　图 1-5-4

4. 两肘下垂

意想用两掌托球，这球很大，托着吃力，再用两肘去助托，还托着吃力，用神阙穴去托球，然后用肚脐去吸这个球，球落了地；松踝、提膝、松垮、松腰、沉肩坠肘，两腿屈膝下蹲；两肘尖渐渐下垂，两掌随肘下落，两掌心相对，指尖向上，两腕与两肩平，略比肩宽；重心在两脚，意在两掌心；眼由两掌中间平远看。（图1-5-5）

图 1-5-5

第六式　搂膝拗步

本式共 12 动。

1. 左掌搂膝

屈膝下蹲，重心左移，腰微左转，两臂向左前松垂，双手左前抱球，球脱落（图 1-6-1）；转向正前抱球，球又脱落（图 1-6-2）；身体转向右前抱球，球这才被抱起来（图 1-6-3）。用右手托球，左手右前扶球（图 1-6-4）；右手合谷穴找右耳门，这时球变小，左手通过

图 1-6-1

图 1-6-2

图 1-6-3

球心摸右腋下极泉穴，而后下摸右乳下的期门穴（图1-6-5）；稍向右摸右肋下的章门穴，再摸右股骨大转子上的右环跳穴，继而摸右小腿外侧腓骨头前下方凹陷处的右阳陵泉穴，左转腰，扣右脚，左手再摸左小腿外侧的左阳陵泉穴（图1-6-6）。此时用右耳门贴一下右合谷穴；右肩背后催左胯，右肘背后催左膝，左阳陵泉推左掌内劳宫穴，左脚横开；左掌虚按至左小腿外侧，左脚跟虚着地，成右正步坐势，重心在右脚，意在右掌指尖；视线随左掌食指尖转向左前下看。（图1-6-7）

图1-6-4

图1-6-5

图1-6-6

图1-6-7

2. 右掌前按

左脚跟由虚着地慢慢落实，意想右肩合左胯，左脚心落实，右肘合左膝，左脚掌落实，右手合左脚，左脚趾落实（顺序按大足趾、二、三、四、小足趾依次落实）；同时，右掌自右耳门以无名指引导向前穿针引线，朝正东按掌，以中指引导立腕，以食指第一道横线为基准旋腕，虎口向上，拇指尖遥对左鼻孔，腕与肩平；左脚完全落实，重心前移，右脚跟微向外碾转，脚尖朝东，成左正步弓势；左掌松垂到左胯外侧，微内旋，虎口斜朝向前右方，重心集于左脚，意在左掌心；视线经右手拇指尖上方平远看。（图1-6-8）

图1-6-8

3. 右掌回捋

竖腰立顶，重心前移；右臂向前舒伸，掌指向前，掌心向下；随右臂前伸，松右腿，右脚跟步，与左脚并成自然步，微立身；沉右肩、坠右肘，后坐体重，重心渐移至右脚，右腿微屈，右掌回捋，右掌拇指对准膻中穴，掌心向左，指尖斜向上，左掌微前移至左腿左侧，掌指向前，掌心向下；左脚尖虚点地，左腿微屈，重心集于右脚，意在右掌心；视线向正前平远看。（图1-6-9）

4. 左掌前掤

松腰松胯，身体微向右后转；右肩、右肘向右后扎，左掌以食指引导向右前斜掤，掌心逐渐转朝内，左掌拇指指尖遥对右鼻孔，腕与肩平，同时右掌以拇指引导向左前合，至拇指尖贴于左臂弯为止，虎口张开，食指尖、中指尖贴于左前臂内侧，掌心斜向左下方；左腿向前舒直，脚跟着地，脚尖上翘仰起，成右正步坐势的左抱七星状，重心集于右脚，意在右掌心；眼神从左掌拇指尖上方平远视。（图1-6-10）

图1-6-9 　　　　　　　　图1-6-10

5. 左掌搂膝

右掌打挤，重心逐渐前移，左脚掌落实，成左正步弓势；两臂向前舒伸，掌心向下，指尖朝前；同时身随臂起，右腿松力，右脚跟步，与左脚并成自然步，两腿微屈；两臂自然下垂，两掌向下松垂，掌心左右遥相对，两掌虚合，舒伸至左前抱球，球没抱起来；两掌松垂到体前（正东）抱球，还没抱起来；再转腰到右前抱球，球才被抱起来。球变小了，用右手托球，左手右外侧扶球，右手合谷穴找右耳门，左手通过球心摸右腋下的极泉穴，而后摸右乳下的期门穴，稍向右摸右

图 1-6-11

肋下的章门穴，再摸右股骨大转子上的右环跳穴，继而摸右小腿外侧腓骨头前下方凹陷处的右阳陵泉穴、左小腿外侧的左阳陵泉穴。此时用右耳门贴一下右掌合谷穴，右肩背后催左胯，右肘背后催左膝，左阳陵泉推右掌内劳宫穴，左脚横开，左掌虚按至左小腿左侧，左脚跟着地，重心在右脚，意在右掌心；视线随左掌食指尖转向左前下方看。（图1-6-11）

6. 右掌前按

左脚跟由虚着地逐渐落实，右肩合左胯，左脚心落实，右肘合左膝，左脚掌落实，右手合左脚，左脚尖自大趾至小趾依次落实；同时，右掌自右耳门以无名指引导向前穿针引线，以中指引导立腕，以食指第一道横纹为基准旋腕，使拇指尖与食指第一横纹在一个水平线上，虎口向上，右拇指尖遥对左鼻孔，腕与肩平；左脚完全落实，重心前移，右脚跟微向外碾转，脚尖朝正东，成左正步弓势；左劳宫后拉左环

跳，左掌松垂到左胯外侧，虎口斜朝前右方，重心集于左脚，意在左掌心；视线经右掌拇指尖上方平远看。（图 1-6-12）

7. 右掌搂膝

松右肩、右肘、右腕，右臂向前舒伸，掌指向前，掌心向下；身随臂起，右脚跟步，与左脚并成自然步；沉右肩、垂右肘，两腿屈膝下蹲，同时两臂随右转腰向右侧松垂抱球。以下动作与本式动作 5 左掌搂膝相同，只是左右肢互换。

图 1-6-12

8. 左掌前按

与本式动作 2 右掌前按相同，只是左右肢互换。

9. 左掌搂膝

与本式动作 5 左掌搂膝完全相同。

10. 右掌前按

与本式动作 2 右掌前按完全相同。

11. 右掌回捋

与本式动作 3 右掌回捋完全相同。

12. 左掌前掤

与本式动作 4 左掌前掤完全相同。

第七式　手挥琵琶

本式共 2 动

1. 右掌下采

继左抱七星。两掌阴阳掌互换，右掌心翻转向上；意念右掌托左脚心，左脚落平，但重心不动，还在右脚（图 1-7-1）。右手插入太极球的中心，沿外弧线向右后拨至体右前上方（图 1-7-2）变掌心向下，然后右掌下沉，采到体右肋侧，再把球推向东北（左前方），左掌心翻转向上随动，至左胸前；身体重心前移至左脚，成左正步弓势，意在左掌掌心；视线随左掌食指尖平远看。

图 1-7-1　　　　　　　图 1-7-2

2. 左掌上掤

左掌心斜向上，意想左掌拇指、食指、中指、无名指、小指指肚托天，左掌自左胸前以食指引导向左前上方舒伸，到左手中指与头维穴平，右掌随动到左臂弯内斜下方；掌领身起，右脚虚随，跟步至左脚内侧，成自然步，立身，头顶悬；移身体重心到右脚；同时沉右肩、坠右肘，右掌向后下沉采到腹前，右脉门与肚脐平，掌心向下，指尖朝左，微左转腰，右手到右掌拇指对右肋下带脉穴，左掌向左微移，重心在右脚，意在右掌心；眼神顺左掌食指方向朝左斜上方看。（图1-7-3）

图1-7-3

第八式　上步搬拦捶

本式共4动。

1. 左掌下合

右转腰。右掌自小指至拇指依次屈指握拳，拳眼向上，松左肩、沉左肘、松左腕，左掌向右拳眼虚按合，掌心向下，掌指朝右；同时随腰右转和左掌下按屈膝下蹲，沉右肩，坠右肘，右肩背后催左胯、松左脚，向左前方上步，脚跟虚着地，成右正步坐势，重心在右脚，意在右拳面；视线随左掌食指尖动。（图1-8-1）

2. 左掌前搬

重心在右脚,意在右拳,左掌随右拳前搬;左掌以食指引导,自体右前侧走外弧线,经东南、正东至东北(左前十六分之一处);左脚落平,弓左膝,重心前移成左正步弓势;在左掌走外弧的同时,意念想右拳拳眼,其顺序自商阳、二间、三间至合谷、少商、中商、老商,沿顺时针回绕,重心在左脚,意在左掌心;视线随左掌食指动。(图1-8-2)

图 1-8-1 　　　　　　　　图 1-8-2

3. 左掌回捋

收腹松腰,重心渐移向右脚,左掌掤到左前十六分之一后,腰微左转,意想左肩背找右胯、左肘找右膝、左手找右脚;以左掌食指为引导,走外弧线向左后回捋,要摸左环跳穴,同时右拳心转向上,自东北生门向西南死门回撤(称为生拉死拽);右拳回撤时意念自少商开始,走逆时针方向:少商、合谷、三间、二间、商阳。以右手后溪穴对准带脉，拳心向上，右大拇指逆时针抹一下，沉右肩、坠右肘，拳眼向上，拳心转向左，成立拳，意想右肘少海扎地，叫千斤坠，同时左掌自左环跳走内弧线向上，掌心向右，成立掌，左掌拇指对鼻尖；重心集于右脚，左脚跟着地，脚尖仰起，成右正步坐势，重心在右脚，意在右拳面；视线自左掌拇指尖上方平远看。（图 1-8-3）

4. 右拳前捶

左脚跟落实；右肩找左胯，左脚心落实；右肘合左膝，左脚掌落实；右手找左脚，左脚自大趾至小趾依次落实；左掌找右臂曲池穴，同时弓左膝，将右拳送出，以右臂舒直为度。右拳食指中节（第二节）遥对胸口，拳眼向上，左掌扶于右前臂内侧，重心前移于左脚，气冲穴压左腹股沟，成左正步弓势，重心在左脚，意在左掌心、右小腿肚之承山穴；眼神经右拳上方平远看。（图 1-8-4）

图 1-8-3

图 1-8-4

第九式　如封似闭

本式共 2 动。

1. 抽拳分掌

左掌从右前臂下侧穿出，指尖向上，掌心朝右，向右肩处后撤，翻转左掌，变左掌心朝里贴于右臂外侧，腰微右转，左掌有摸右肩之意，右肩不让摸，身体左转，右肩向左躲开左掌；左手如同托一个烧红的煤球，火烧火燎地离开右肩，腰右转，右肩向右急躲左手，身体转向正前（正东）；右拳随之后撤，当与左掌拉齐时，右拳变掌，两臂交叉成斜十字状，随即边后移重心，两掌边左右分开（图 1-9-1），两掌心向后，指尖向上，宽与肩齐，与耳尖同高，两肩松力，两肘下垂，意想右肘带着两掌向后搂空气至两耳门前（图 1-9-2）；同时屈右膝，重心渐后移成右正步坐势。重心在右脚，意在右掌心；视线向正前平远看。

图 1-9-1　　　　　　　图 1-9-2

2. 两掌前按

两掌以小指为引导，掌心逐渐里转，使两掌心相对，拇指、食指、中指遥遥相合，套在两眉之间的祖窍穴上，然后向前按扑。意想右手小指到拇指依次按地，重心转到左脚时，再想左手拇指到小指依次按地；两掌向前按扑到极度，掌心斜朝外，指尖斜向上，臂微弯曲，腕与肩平，称为"恶虎扑食"；同时，左脚落平，重心前移成左正步弓势，重心在左脚，意在左掌心；视线由两掌中间向前平远看。（图1-9-3、图1-9-4）

图 1-9-3    图 1-9-4

第十式 抱虎归山

本式共4动。

1. 两掌前伸

两腕松力，两掌心向前下按到与膝平，随之指尖向前舒伸

(如用擀面杖擀烙饼)，掌心高与膝平；上身前俯，左膝尖与大敦穴成垂直线，气冲穴压腹股沟，重心完全集于左脚，意在左掌心；眼由两掌中间向前下看，但视而不见，而用祖窍穴（印堂）下送。（图 1-10-1）

2. 两掌展开

两掌下按前伸后，意在左掌心向后扒，向右转腰，眼观八方线，往远处看；右手追眼神，右掌以食指为引导向右外移动四分之一（正南）时，步随身换，右脚以脚尖为轴，脚跟虚起内旋，脚尖朝南；当右掌继续舒伸到正西时，左脚跟外展，脚尖转朝南，身随步转，面自东转向南，同时右膝前弓，重心移于右脚，成右正步弓势；当右掌向右前方移动时左掌心向左展开，两掌心均向下，两臂舒直，均与肩平，重心在右脚，意在右掌心；视线随右掌食指尖动。（图 1-10-2）

图 1-10-1　　　　　图 1-10-2

3. 两掌上掤

沉肩坠肘，右掌以拇指引导，想拇指肚、食指肚、中指肚托天，右手渐向上翻转，左掌从动，至掌心朝天，此为抱虎归山（图1-10-3）。继而两掌向上舒伸，身随掌起，左脚收到右脚旁，虚着地，成自然步；右掌上伸时左掌随动，两掌同时到正前上方，腕部交叉，左掌在外，右掌在内，掌心均向两侧，指尖向上，意想两掌食指尖上各顶一个旋转着的球（图1-10-4），重心集于右脚，意在两掌食指指尖；眼神由两掌交叉中间向前上方远看。

图1-10-3 　　　　　　　　图1-10-4

4. 两肘下垂

松踝、提膝、松腰、松胯、屈膝蹲身；两肩松沉，两肘下垂，两前臂微向前舒伸，腕与肩平为度，指尖向上，两掌心朝两侧，重心平分于两腿，意在两掌指尖；眼神由交叉的两掌中间平远看。（图1-10-5）

图 1-10-5

第十一式　左右斜步搂膝

本式共 4 动。

1. 左掌搂膝

沉肩坠肘，松腰松胯，微屈膝下蹲；两掌下落，至胸前时分别走下弧线，将两球分开，从体前下落至股骨两侧，掌心朝外；然后左转体，身体重心左移；两臂随体左转两掌心相对，使两球合一球，先左前抱球，右转腰至正前抱球、右前抱球（图 1-11-1）；重心移至右脚，两腿直立；右手托球，左手在前右侧扶球（图 1-11-2），右手合谷找右耳门，左掌推球找右腋下的极泉穴，找期门穴、章门穴、右环跳，下找右阳陵泉、左阳陵泉；然后左手扶左膝，同时左腿舒伸，向左前八分之一处（东南方）上隅步，脚跟着地，成右隅步坐势，重心在右脚，意在右掌心；视线随左掌食指尖向左前下方看。（图 1-11-3）

2. 右掌斜劈

又叫"懒羊抬头"。意想右肩找左胯、右肘找左膝、右手找左脚；右掌以小指引导向左前八分之一处（东南方）立掌（微半阴半阳）劈下，右掌心向外（东北方），虎口朝上，拇指遥对鼻尖，左掌随重心前移找左环跳，松垂于左胯旁，掌心向下，虎口向右前方；在右掌斜劈的同时，左脚尖逐渐由东南向正南落平，弓左膝成左隅步弓势，重心前移于左脚，意在左掌掌心；眼神经右掌拇指尖上方平远看。（图1-11-4）

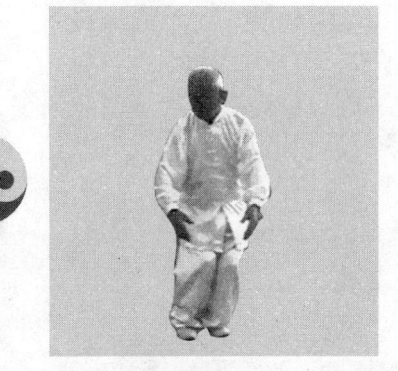

图1-11-1

图1-11-2

图1-11-3

图1-11-4

3. 右掌搂膝

松右腕、右肘、右肩，掌心转向下，右臂向下松垂，以小指引导向右后方走外弧线，先摸左膝，右转体，托球到右膝，左掌随；收右脚跟，右脚尖转向正西，弓右膝，左脚跟随之外展，此时两脚尖均朝正西，成右正步弓势（图1-11-5）；腰微左转，两掌由右转向左，然后沉肩坠肘，以合谷穴为引导将两臂引起到胸前；左脚跟步到右脚内侧，成自然步，身体直立。（图1-11-6）

图1-11-8 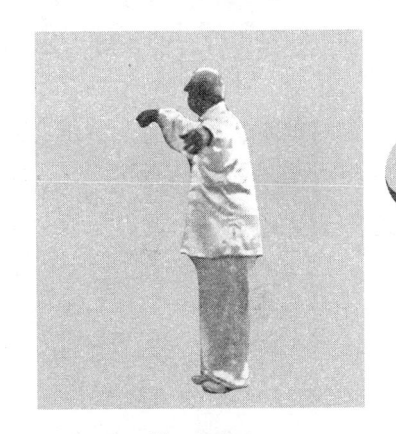　　　　　　　图1-11-6

松踝提膝，松腰松胯，沉肩坠肘，两腿屈膝下蹲；右转腰，两臂随体右转向体右侧松垂，两掌心相对；重心在右脚，先于右前抱球，左转腰至正前抱球、左前抱球（图1-11-7）；身体重心移到左脚，两腿直立；左手扶球，右手托球，左手合谷找左耳门，右手推球找左极泉穴、左乳下的期门穴、左肋下的章门穴、左环跳，下找左阳陵泉，右转腰摸右阳陵泉，然后扶右膝；同时右腿松力，向右前八分之一处（西北方）上隅步，脚跟着地，成左隅步坐势（图1-11-8），重心在左脚，意在左掌心；视线随右掌食指尖向右前下方看。

4. 左掌斜劈

又叫"懒羊抬头"。左掌以小指引导，向右前八分之一处（西北方）立掌（微半阴半阳）劈下，掌心向东北，虎口朝上，拇指遥对鼻尖，右掌随重心前移找右环跳，松垂于右胯旁，掌心向下，虎口向左前方；在左掌斜劈的同时，右脚尖逐渐由西北向正西落平，弓右膝成右隅步弓势，重心前移至右脚，意在右掌心；眼神经左掌拇指尖上方平远视。（图1-11-9）

图 1-11-7

图 1-11-8

图 1-11-9

第十二式　隅步揽雀尾（2）

本式又称"十六肘拜八门"，共 6 动。

1. 左掌翻转

收腹松腰，身体右转，重心后移于左脚，成左隅步坐势，右脚跟虚起，脚尖着地；同时，左掌以小指引导，掌心翻转向上，掩左肘，左曲池穴外找左少海穴，指尖朝西北，少海再找膻中穴（此为掩肘）；顺时针左转腰，左隅步坐势成左侧弓步；同时右肘松力，随左转腰，右掌以大陵穴向左上虚提，左找左曲池穴，右掌移至左臂弯上方，掌心向下，重心在左脚，意在左掌掌心；眼神随右掌食指尖动。（图 1-12-1）

图 1-12-1

2. 右掌前捋

腰微左转，右掌自左臂弯上方向左沿左前臂外缘穿至左肩井后向左前方走外弧线，随腰右转向右后平捋；同时，重心渐移于右脚，成右隅步弓势；右掌从正南用眼神带至正北，由正北再回捋至西北，腕与肩平，掌心仍向下，左掌指尖附于右臂弯处，掌心朝上，指尖向右，重心在右脚，意在右掌心；眼神经右掌食指尖平远看。（图 1-12-2、图 1-12-3）

43

图 1-12-2　　　　　　　　图 1-12-3

3. 右掌回捋

右臂舒直，右手与两脚成一直线（两脚心与右掌心成垂直立面），腕与肩平；右后转腰，继而身向左后坐，重心移至左脚，右脚尖点地，右脚跟虚起，成左隅步坐势；同时，右肘松力，右掌外劳宫找右肩井穴，右肩井再找一下外劳宫穴，右肘尖穴指向东南杜门，打一阳肘，掌心向下，左掌随动到右胸前，掌心向上，重心在左脚，意在左掌心；视线自右肘尖向后看。（图 1-12-4）

随之腰微左转，用左手内劳宫找左肩井穴，打一阴肘，左肘尖仍撞向东南杜

图 1-12-4

门，左掌心向上，右掌随左转腰移至右胯侧，掌心向下，此时仍为左隅步坐势，重心仍在左脚，意在左掌心；视线通过左肘尖（三点成一线）看远处杜门。（图 1-12-5）

然后再左转腰，后坐体重，重心移至右脚，成右侧弓步；同时，左掌心翻转朝外，左合谷穴找左丝竹空穴（眉梢斜上一点），再打一遮阴肘，左肘尖还撞向杜门，掌心朝外，右掌随左转腰移至右腹前，掌心朝下，重心在右脚，意在右掌指；视线自左掌食指平远看。（图 1-12-6）

图 1-12-5 　　　　　　图 1-12-6

右掌变为剑指，掌心向下，从左肘下朝东南隅呈螺旋线向外旋转舒伸，掌心翻转向上，剑指向左（东南隅）；同时身体重心左移，成左侧弓步，此为肘底枪，重心在左脚，意在左掌心；视线随右手剑指。（图 1-12-7）

进而右掌展开，掌心朝下，中节勾回；同时右转腰，微回拽；左掌自左丝竹空向下微碾转，掌心斜向上；左侧弓步变为马步，称拉马式，重心在右脚，意在右掌指；视线由左掌食指尖上方平远看。（图 1-12-8）

图 1-12-7　　　　　　　　图 1-12-8

右掌变拳，拳心向下，左肘尖落在右拳背上，以右拳背为支点，左掌变拳向外撇出，拳心向上；同时，踏右脚，仍为马步，称为肘开花，重心在右脚，意在右拳心；视线由左拳中指中节上方平远看。（图 1-12-9）

图 1-12-9

左拳变掌，左掌内劳宫穴合右肩井穴，同时马步变为左侧弓步；右拳以肘为轴，向西北隅斜上方撇出，拳心向上，与眼同高，称"翻天印"；重心在左脚，意在左掌心，视线由右拳中指中节上方向西北平远看。（图 1-12-10、图 1-12-11）

第一章　八十三式太极拳授课实录

图 1-12-10　　　　　　　图 1-12-11

收右拳，坠右肘；左侧弓步变成右隅步弓势；同时右拳变掌，掌心斜向上，指尖朝西北，随右弓步向西北斜上方穿掌，左掌由右肩井穴移到右臂弯内侧随动，此式可称白蛇吐信，重心在右脚，意在右掌心；视线自右掌食指尖上方平远视。（图1-12-12）

图 1-12-12

左转腰，以右脚跟为轴，右脚掌向里扣，左脚以脚跟为轴，左脚掌向外摆，两脚尖朝南，重心左移，左膝前弓；同时，沉右肩，坠右肘，松右腕，右掌向左下松垂，右掌中指中冲穴回找左掌大陵穴，同时左掌由右曲池至右脉门，右掌向东南斜下方披掌反按，披向对方右髌骨内上缘 2 寸的血海穴，左掌再由右脉门回捋至右曲

47

池；此时已由右隅步弓势变为左隅步弓势，重心在左脚，意在左掌心，视线随右掌食指尖向东南斜下方看。（图1-12-13）

以上称"十六肘"。

4. 右掌前掤

视线自东南斜下方随抬头逐渐向前平远视，自左至右，眼观八方线（亦称八门），手追眼神（图1-12-14）；右掌向东南杜门虚起，与肩同高，掌心朝天，左掌轻扶右脉门；右转腰，右掌向右前掤，向右追眼神，由东南杜门经正南景门、西南死门，到正西惊门；同时，扣左脚尖，收右脚跟，重心逐渐由左脚集于右脚，由左隅步弓势变为右隅步弓势，重心在右脚，意在右掌心；视线从右掌食指尖向前平远看。（图1-12-15）

图 1-12-13

图 1-12-14

图 1-12-15

5. 右掌后掤

沉右肩，坠右肘，右腕松力，右掌随右后转腰继续沿外弧线向右后方掤，左掌扶于右脉门处随之，右掌自正西的惊门经西北的开门、正北的休门、东北的生门、正东的伤门，再回到东南的杜门；身体重心逐渐后移到左脚；当右掌掤到右耳后侧，掌心向上，指尖向右斜后方；右眼与拇指及中指成一直线，指尖与眼平，此时重心集于左脚；意想左肩由身前找右胯，自动沉右肩、坠右肘，右脚尖翘起，右隅步弓势变为左隅步坐势，重心在左脚，意在左掌心；视线经右掌食指尖平远看。此为"拜八门"。（图 1-12-16）

图 1-12-16

6. 右掌前按

收腹，松腰松胯，左转腰；左掌粘着右腕随腰左转，右掌拇指找右地仓穴，腰继续左转，右掌拇指找左地仓穴（体现右肩与左胯合，右肘与左膝合，右手与左脚合）；身体转向西南，同时右脚尖左扣，亦朝向西南，左脚尖向西，重心仍在左脚，意念左胯背后催右肩；右掌推空气向左前（东南隅）按掌；身体重心后移至右脚，左脚尖着地，脚跟虚起；然后右转腰，右掌向右后旋腕，使右掌转向西北开门；同时左脚跟里收，与右脚成丁虚步；左手指一直贴在右脉门处随动，重心在右脚，意在右掌掌心；视线随右掌食指尖平远看。（图1-12-17）

图 1-12-17

第十三式 斜单鞭

本式共2动。

1. 右掌变钩

动作与第三式斜单鞭动作1相同，只是此式面向西南死门，背倚东北生门，向西北探掌、东南撤步。意在探掌为主动，撤步为从动，下随上。（图1-13-1）

2. 左掌平按

动作与第三式斜单鞭动作2相同，只是此式面向西南死门，意想背倚东北生门，要低眉垂目。（图1-13-2）

图 1-13-1　　　　　　　　　图 1-13-2

第十四式　肘底看捶

本式共 2 动。

1. 右腕前伸

左腕松力，左掌向左前（东南隅）微伸，同时弓左膝，继而左掌中指及拇指相互一合，再弓右膝，右钩腕打（向右外舒伸）；此时左腿舒直，由左侧弓步变为右侧弓步（体现自左至右节节贯穿的梢、中、根，根、中、梢的顺序），腰左转，同时左脚跟里收；右钩手以右腕为引导，向右前松移，自西北开门走外上弧线向右前舒伸到正西惊门，腰随腕转，面向东南，同时左掌自东南杜门沿左外下弧线向左后舒伸，转掌心向左，左掌指尖转向正东伤门；这时身体重心渐移到左脚，左脚以脚跟为轴外摆，使脚尖朝正东；意亦转到左腕，左腕松力，左掌继续沿左外下弧线向左后舒伸；当左掌转到东北生门时，面朝正东；重心移到左脚，左膝前弓，右脚向右横移，脚尖虚着地，并逐渐落平；同时，右手虚钩，以右腕引导，自正西惊门沿右外上弧移动到西南死门，在右钩向前上运动的同时，左掌渐向后下捋，渐成钩，到达正西惊门时位于左侧背后，钩尖向上，而右钩移至正东伤门，右腕遥对鼻尖，钩尖向下；重心集于左脚，成左正步弓势，重心在左脚，意在后左钩；视线经右腕向前平远看。（图 1-14-1）

2. 提肘进捶

右膝松屈，向后收腰，体重后坐，左正步弓势渐变为右正步坐势，左脚尖翘起；左肩松沉、提肘，左钩渐变为拳，拳心翻转向上，由左肋下向前斜上方、经右臂弯处向斜前上方伸出（拳从口出，击对方下颌），以食指中节遥对鼻尖，拳心朝内，同时右钩变拳，向下沉采对方手腕，当两拳相交时，沉右肘，右拳向下松垂，右拳眼向上，沉到左肘下，与左肘相距约一拳（10 厘米）；此时松腰、沉胯、收小腹，命门吸肚脐，使左肘落于右拳眼上，意想右肘少海入地三尺，重心集于右脚，意在右肘尖；视线经左拳食指中节上方向前平远看。（图 1-14-2）

图 1-14-1

图 1-14-2

第十五式　倒撵猴

本式共 10 动，连做 5 个"倒撵猴"。

1. 两拳变掌

重心微下沉，右拳自拇指到小指依次松开变掌，指尖朝前，掌心向左，虎口朝前，附于右肘尖下方，同时左拳亦渐变掌，掌心朝上，指尖向前，腕与肩平；重心在右脚（此时仍为右正步坐势），意在右掌心；视线自左掌食指尖平远看。（图1-15-1）

图 1-15-1

2. 左掌前按

腰微左转，右掌心转朝下，向左摸左膝，随右转腰沿内弧线摸右膝，逆时针方向在体右前划圆，同时左掌以拇指引导内旋，松肩、坠肘、提腕，左手合谷穴找左耳门，掌心向下，指尖斜向前；右掌摸左膝时左膝微提、松力，使两阴陵泉相贴，左脚经右脚内踝旁向后撤，以左腿舒直为度，脚掌虚着地，脚跟微外展，脚尖朝正东；同时左掌向前按出，拇指遥对鼻尖，腕与肩平，旋腕，虎口向上，随之右掌沉落于右胯外侧，虎口朝前，掌心向下；左脚逐渐落实，同时松胯，成右正步弓势，重心集于右脚，意在右掌心；视线经左掌拇指向前平远看。（图1-15-2）

3. 左掌下按

身体重心在右脚，右掌在右胯侧，意想松右肩、松右肘、松右手，右臂向体右后侧走下弧线，自下而右后向上托球，平肩时翻掌心向上，到与头维穴同高；眼神自左掌食指尖前向右后看，随右掌翻转而向前摆头，脸朝正东；同时松腰坐胯，重心后移，成左正步坐势，右脚尖翘起；左掌随之翻转，掌心向上；右掌托球，球很重，以右手合谷穴找右耳门，将球抛给左掌，同时松左腕、左肘、左肩，左掌心翻转向下，按球，使左内劳宫穴摸右膝、摸左膝，松垂于身体左侧；此时收右腿，两阴陵泉相贴，右脚尖并于左脚内侧，虚点地，重心在左脚，意在左掌心；眼神随左掌食指尖向左下看。（图1-15-3）

图 1-15-2

图 1-15-3

4. 右掌前按

（探掌撤步）左臂由左体侧沿顺时针走外弧，自左向上、向前在体左前划圆（图 1-15-4）；同时右腿后撤一步，右脚尖虚着地；右掌以无名指引导向前舒伸，至正前方时立掌，掌心朝外，指尖向上，拇指对鼻尖，旋腕，虎口朝上；右脚落平，脚跟外展，左膝前弓成左正步弓势；左掌自体左前回按到左胯外侧，掌心朝下，虎口朝前，重心在左脚，意在左掌掌心，眼神自右掌拇指尖平远看。（图 1-15-5）

图 1-15-4 　　　　　　图 1-15-5

5. 右掌下按

动作同本式动作 3 左掌下按，但左右肢互换。

6. 左掌前按

动作同本式动作 4 右掌前按，但左右肢互换。

7. 左掌下按

动作同本式动作 3 左掌下按。

8. 右掌前按

动作同本式动作 4 右掌前按。

9. 右掌下按

动作同本式动作 5 右掌下按。

10. 左掌前按

动作同本式动作 6 左掌前按。

第十六式　斜飞势

本式共 4 动。

1. 左掌上掤

左掌以小指引导,掌心向左前斜上方转十六分之一,掌心斜向左,虎口向前,指尖斜向上,高不过头,右胯松力,右掌心向右后外下沉,转到右胯外侧,虎口朝下,掌心向后,指尖斜向下;腰微向下松,重心在右脚,仍为右正步弓势,意在右掌心;视线随左掌食指尖向左前斜上方远看。(图 1-16-1)

图 1-16-1

2. 左掌下捋

右掌向左前上方迎一下，再回到右胯外（称"悠肩顺臂"），意想右肩合左胯、右肘合左膝、右手合左脚；右掌以拇指为引导，由右胯外侧沿上弧线向上、向前舒伸到体前左上方，右手腕与头维穴同高，掌心斜向前，指尖斜向上，同时左掌由左前上方以小指引导，沿外弧线向左下回落，再沿内弧上掤到右腹前，掌心斜向后，指尖斜向上，与右掌斜相对；重心在右脚，仍为右正步弓势，意在右掌心；视线由右拇指尖向前平远看。（图1-16-2）

3. 左脚前伸

左膝松力，提左脚，经右脚踝旁向左前八分之一处（东北方）上步，脚跟着地，成右隅步坐势，重心仍在右脚，意在右掌心；视线不变。（图1-16-3）

图1-16-2

图1-16-3

4. 左肩下合

两肘松力，右掌以拇指引导，由头维穴向左前下方扑按，同时左掌以食指引导，由腹前向左前上斜伸；重心前移，松右膝，左脚落平，两掌掌心在左胸前虚合，弓左膝，两掌分开，左掌向左前八分之一处上方移动，以腕与肩平为度，指尖与头维穴等高，掌心斜向上；同时意想左肩合左胯，左肘合左膝，左手合左脚。同侧部位合不上，称"六冲"。同时右掌向右后下方虚采至右胯外侧，以右虎口遥对右踝为止，掌心朝后扒，指尖斜向外；重心移于左脚，左气冲压腹股沟，成左隅步弓势，意在左掌；视线自左食指尖上方平远看。（图1-16-4）

图 1-16-4

第十七式　提手上势

本式共4动。

1. 右抱七星

视线离开左食指尖向右后移动，自东北（生门）经正东（伤门）、东南（杜门）到正南（景门），眼观八方线；左手追眼神，沿外弧线向正南捋按；身随臂转到面朝正南（图1-17-1），重心移至右脚，左脚尖向右扣八分之一朝东南，体重后坐，右腿松力，右脚跟虚起内收，右脚向前舒伸，脚

跟着地，脚尖仰起，重心在左脚，成左正步坐势；右掌以食指引导，斜向左前上掤，掌心逐渐翻转朝内，拇指遥对鼻尖，左肘松力，左掌以食指引导斜向右下采，掌心逐渐翻转向下，拇指贴于右臂弯处，重心在左脚，意在左掌心；视线由东北方逐渐过渡到正南，自右掌拇指尖上方平远看。（图1-17-2）

图 1-17-1 　　　　　　图 1-17-2

2. 左掌打挤

动作与第四式提手上势动作 2 相同。

3. 右掌变钩

动作与第四式提手上势动作 3 相同。

4. 右钩变掌

动作与第四式提手上势动作 4 相同。

第十八式　白鹤亮翅

本式共 4 动。

1. 俯身按掌

动作与第五式白鹤亮翅动作 1 相同。

2. 左转翻掌

动作与第五式白鹤亮翅动作 2 相同。

3. 左掌上掤

动作与第五式白鹤亮翅动作 3 相同。

4. 两肘下垂

动作与第五式白鹤亮翅动作 4 相同。

第十九式　搂膝拗步

本式共 2 动。

1. 左掌下按

动作与第六式搂膝拗步动作 1 相同。

2. 右掌前按

动作与第六式搂膝拗步动作 2 相同。

第二十式　海底针

本式共2动。

1. 右掌前指

右腕松力，右阳掌变成不阴不阳掌（立掌），右掌指尖向前舒伸，掌心朝左，腕与肩平，同时松左腕，掌心翻转朝内，指尖朝下；仍为左正步弓势，重心在左脚，意在左掌心；视线自右掌拇指尖上向前平远看。（图1-20-1）

图1-20-1

2. 右掌下指

松腰，右腕松力，用意念想右手列缺穴微上提，右手自小指到拇指尖依次向下走弧线下指，指尖下垂，同

图1-20-2

时左手上提，扶摸右臂曲池穴后向少海穴下方沉采，使右臂垂直向下，掌心向左，左臂落至右臂弯内侧，掌心朝内，指尖向右；同时竖腰立顶，重心后移右脚，右腿微屈，左膝松力，左脚跟收到右脚旁（两脚尖齐平），两脚尖间隔为一顺脚宽，重心移至左脚，微立身，重心再移至右脚，意在右掌掌心；眼神向前平远看。（图1-20-2）

第二十一式　扇通臂

本式共2动。

1. 两掌前伸

松踝提膝，松腰松胯，两腿屈膝下蹲；右掌指尖下指，意想入地三尺，右臂如犁耕地，向东豁出一道无限远的深沟（图1-21-1），右掌以食指尖引导向东舒伸，以腕与头维同高为度，掌心朝左，指尖朝东；身随臂起；左掌自右臂弯处移至前臂下，掌心转向上，顺右臂下面向前伸出，同时右掌心渐转向下（不向后撤），与左掌心上下相对、虚合，如抱一球，球大小根据个人中气强弱而定；重心在右脚，左脚尖虚点地，意在右掌掌心；视线随右掌食指尖向前平远看。（图1-21-2）

图 1-21-1　　　　　　　　　　图 1-21-2

2. 左掌前按

沉右肩，坠右肘，右肩后扎，左胯自动前松，右肘少海向后（正西）顶，左膝自动前提，右掌心朝下，向后拉；左脚自动向前（正东）舒伸，左脚跟虚着地；左掌心朝上，随动，微前伸；成右正步坐势（图1-21-3）；腰右转，右掌向左（外）旋，翻掌心向南，指尖朝东，左掌心随转向南，指尖斜向上；左脚尖向右扣四分之一落平，脚尖向南，重心移至左脚；两掌分开，左掌以食指尖引导向左前八分之一处（东南方）按出，掌心朝外，指尖朝上，腕与肩平，右掌以食指引导，向右后上方掤起，右臂弯曲，掌心翻转斜向上，右掌食指指北，右掌托天；同时松腰松胯，屈膝下蹲，右脚跟内收四分之一，成马步，重心下沉在两腿，适当调整右脚，意在右掌心；视线从左掌食指平远看。（图1-21-4）

图1-21-3　　　　　　　图1-21-4

在内含上，腰为扇轴，掌为扇股，左掌为前推，右掌为上托，成马步时要松腰、松胯、屈膝、下蹲，叫做推、托、坐，三者要同时完成。

第二十二式　撇身捶

本式共2动。

1. 左掌右掤

左掌以食指引导，向右上方走上弧线，左虎口下叉至右肩井穴；蹬右脚成左侧弓步（图1-22-1）；随之右掌以食指引导，向左上方走上弧线，右虎口下叉左肩井穴，蹬左脚成右侧弓步（图1-22-2）；后收小腹，两肘向前上方扎（称双献肘），成马步（图1-22-3）；右转腰，重心右移，扣左脚尖，面朝西南，重心移左脚，右脚跟内收，脚尖虚着地；同时右掌变拳，左掌自右肩井穴沿上臂前移，向右掤，合于右拳眼上，掌心向下，指尖斜朝上；重心在左脚，意在左掌心；视线由左食指尖上方平远视。（图1-22-4）

图1-22-1　　　　　　　　图1-22-2

图 1-22-3　　　　　　　　图 1-22-4

2. 右肘下采

重心仍在左脚，右腿松力，提膝，右脚回收，并于左脚内侧；右脚落平，重心移于右脚；同时右肘下采，右拳拳眼向上，左掌仍扶在右拳眼上，随右肘下采而落至右膝右侧；同时两腿屈膝下蹲，重心集于右脚，意在右拳面；视线由左掌食指尖移向正前（正西）平远看。（图 1-22-5）

图 1-22-5

第二十三式　卸步搬拦捶

本式共 4 动。

1. 左掌前掤

重心由右脚移至左脚，沉左肩坠左肘，左肩自背后催右胯，右脚上步，脚跟虚着地；右拳拳眼向上，在左掌之下，左掌以小指引导，向右前（西北）走外弧线至正西，右脚落平，此时逐渐弓右膝成右正步弓势（意念在右拳眼，自商阳、二间、三间，经合谷、少商、中商到老商穴，沿顺时针走一周），重心在右脚，意在右拳面；视线随左掌食指尖向前平远看。（图 1-23-1）

2. 左掌左掤（搬）

左转腰，手随身动，右拳在左掌下向左走外弧线，向左掤（意念接上动左掌前掤的意念），到体左前十六分之一时，重心移左腿，随之右拳在左掌下微向里收至左胸前；右脚尖翘起，成左正步坐势，重心在左脚，意在左掌心；视线随左掌食指尖平远看。（图 1-23-2）

3. 左掌回捋（拦）

沉左肩、坠左肘，两手自左胸向体左前十六分之一处（西南）方向舒伸；同时右膝松力，右脚向后（东北隅）撤，右脚掌着地（左掌抚右拳眼，向西南隅探出为主动，右脚向东北隅后撤为从动，这叫上下相随，下随上）（图 1-23-3）；重心逐渐后移，向后坐身，左脚尖仰起，成右正步坐势；同时随身右转、后移重心，两手分开，左掌沿左外弧线找左环跳（回捋到左胯时，

第一章　八十三式太极拳授课实录

左脚尖仰起），自左环跳沿内弧往右移动到正前方再向上舒伸，使拇指遥对鼻尖，掌心朝右，腕与肩平，同时右拳自左前十六分之一处往右后下方回撤到带脉（右胯上部），拳心向上（右拳回撤时，意念自老商穴开始经中商、少商、合谷、三间、二间，到商阳，沿逆时针方向走一周），右拇指逆时针抹一下，再沉右肩、坠右肘，变为拳眼向上，拳心向左，成立拳，称千斤坠，重心在右脚，意在右拳；眼神经左食指尖平远看。（图1-23-4）

图1-23-1

图1-23-2

图1-23-3

图1-23-4

4. 右拳前伸（捶）

动作与第八式上步搬拦捶动作 4 相同，唯方向相反。（图 1-23-5）

图 1-23-5

第二十四式　上步揽雀尾（3）

又称"一阴一阳掌"，本式共 6 动。

1. 右拳松转

腰微左转，右拳向左前上方十六分之一处舒伸，拳心翻转向上（拳高不过鼻），左掌食指尖虚贴右脉门处，掌心朝下；继之沉左肩，坠左肘，尾闾对左脚跟，右膝及腰部松力，右脚完全变虚，向前上步，脚跟虚着地，成左正步坐势，重心在左脚，意在左掌心；视线随右拳食指中节向前平

视。（图 1-24-1）

2. 右拳变掌

以右列缺穴为引导，右拳向前、向右伸展，意想右手拇指盖贴地，右食指盖、中指盖、无名指盖、小指盖依次贴地，右拳渐变掌，掌心向上；同时右脚落平，左正步坐势变为右正步弓势；右掌指尖向前（正西），右掌为一阴掌，左掌仍扶在右脉门处随动，掌心朝下。（图 1-24-2）

以右掌后溪穴为引导向内旋转，自右掌小指肚至拇指肚依次按地，此时右掌心已翻转朝下，右掌为一阳掌，左掌仍扶在右脉门处随动，掌心朝上；重心在左脚，意在右掌心；视线随右掌食指尖向前平远看。（图 1-24-3）

图 1-24-1

图 1-24-2

图 1-24-3

左腿松膝，收腹，竖腰立顶，用尾闾将两掌拉至腹前；同时右臂外旋上提，向体前上掤，右掌翻转掌心向里，右掌指尖斜向上，拇指遥对左鼻孔，左掌仍扶在右脉门处随动，掌心向前，指尖向上；当将两掌拉回时尾闾左后下坐，重心移到左腿，变为左正步坐势，右脚尖扬起，成右抱七星状；继而右腕横落于胸前，右掌小指尖与右肘横平为度，掌心向内，指尖向左，左掌掌心自右脉门处打挤，掌心朝外，指尖向上，左食指尖遥对鼻尖；同时松腰松胯，右膝前弓，右脚落平，左腿舒直，成右正步弓势，重心在右脚，意在右掌心；视线从左食指尖上向前平远看。（图1-24-4）

3. 右掌回捋

右掌以小指引导，自拇指至小指指盖依次托天，右掌向右前方（西北开门）舒伸，放出一尺二，掌心翻转向下，右腕与肩平，左掌以中指扶于右脉门处随动，掌心翻转向上。此时两脚心与右掌心成一垂直立面（图1-24-5）。继而身向后坐，重

图1-24-4　　　　　　　　图1-24-5

心渐移左脚；同时右肘松力，右掌循右脚外侧上方弧形线，向右后下方成斜坡回捋，左掌中指仍扶于右脉门处随之，右肘尖贴近右肋下时，右肘尖向右后下方松垂，与右肩垂直；腰向左后下方松力，左胯亦向左后下方（东南）松沉；右肘随腰往后移，前臂松力，左掌由右脉门向里向上旋托右腕，右掌心翻转向上，左掌心随转向下；同时右掌托右脚心，右脚尖仰起，重心在左脚，意在左掌心；视线始终随右掌食指尖动。

右掌回捋时意想小指扣地、无名指扣地、中指扣地，食指划眉毛，拇指掸尘，右肩背后找左胯，重心移至左脚；左肩由体前找右胯，右肘尖向东北扎；左胯向左后下松力，右肘随腰胯往右后移；左肩背后找右胯，左肘背后找右膝，右脚尖仰起，右掌心翻转向上。

4. 右掌前掤

右掌心翻转向上后，左转腰，右肩体前找左胯，右掌以食指引导，想托小腹、托左肩，循内弧线向左前上方舒伸；意想左掌心沾着右脉门拉动右肘尖找右阳陵泉、委中、右阴陵泉、左阴陵泉、左犊鼻、左阳陵泉各穴，至左脚尖上方时，右脚落平；重心仍在左脚，意想左掌小指肚、无名指肚、中指肚、食指肚、拇指肚依次按地；同时，弓右膝成右正步弓势；意想右掌拇指、食指、中指、无名指、小指盖依次贴地（图1-24-6）；右掌继续转至

图1-24-6

右前方与两脚成一线（三者在一个垂直面上），右臂舒直，腕与肩平，掌心朝上，左掌心扶于右脉门处，掌心朝下；重心在右脚，意在右掌心；视线随右掌食指尖向前平远看。

5. 右掌后掤

意想右掌小指肚、无名指肚、中指肚、食指肚、拇指肚依次托天，沉右肩、坠右肘，右腕松力，右掌继续沿外弧线向右后方掤，左掌扶右脉门处随之；重心逐渐后移至左腿；右掌转到右耳后侧，掌心斜向上，指尖向右斜后方，右眼与右手拇指及中指成一直线，指尖与眼平，意想左肩找右胯，沉右肩坠右肘；此时右正步弓势变为左正步坐势，右脚尖翘起，重心在左脚，意在左掌心；视线经右掌食指尖平远看。

6. 右掌前按

动作与第十二式隅步揽雀尾动作6相同。（图1-24-7）

图1-24-7

第二十五式　单鞭

本式共2动。

1. 右掌变钩

动作与第三式斜单鞭动作1相同，唯左脚方向不同。当右

掌向右前探掌时，左脚向正东撤步，脚尖内侧虚着地，脚跟虚起。（图1-25-1）

2. 左掌平按

动作与第三式斜单鞭动作2相同，只是胸向正南，左右脚尖在东西方向的同一横线上，皆朝南。（图1-25-2）

图1-25-1

图1-25-2

第二十六式　云手（180°）

本式共6动。

1. 左掌下捋

左掌松力，微左舒伸；眼神自左食指尖前上方沿下弧线经左、右膝注视右腕；左手松腕、松肘、松肩追眼神，左掌以食指引导向右下方移动，掌心向右，指尖朝下，左掌沿下弧线向

右摸左膝，摸膝膝躲，继而摸右膝，摸膝膝迎；重心渐移至右脚；松右肩、松右肘、松右腕，右钩变掌，右掌以食指引导，走外弧形向右方伸展，掌心朝下，指尖朝右，腕与肩平；重心集中于右脚，成右侧弓步，意在右掌心；视线由左掌食指尖逐渐平移到由右掌食指尖平远看。（图 1-26-1）

图 1-26-1

2. 左掌平按

腰右后转，右掌自体右侧向体右后侧移动，成立掌，松垂下落到右腿外侧，掌心向左，指尖朝下，同时左掌以食指引导，自右膝前向右上方移到右臂弯处，要摸右肘少海穴，右肘不让摸，左掌心要摸右极泉穴，极泉穴也不让摸，左掌以食指引导自右极泉向右上方移动，掌心向内，指尖斜向上；左转腰，右掌自右腿外侧走下弧线，掌心向左，指尖向下，往左摸右膝，右膝躲；同时左掌移动到右前方（西南死门）八分之一处，再沿上弧线往左平按，掌心向内，指尖朝上，此时意想拉开左云门穴，身随掌起，微立身，随腰左转，右掌继续左移到小腹前下方，掌心向左，指尖朝下，同时左掌继续向左平按，左掌移到体正前（正南景门），掌心向右，指尖朝上，拇指与眼同高，遥对印堂穴；左脚落平，成马步，重心平分于两腿，意想"三田"合一（图 1-26-2）。左掌以小指引导，沿外弧线旋转、平按，掌心渐转向外，指尖向上，此时拉开右云门穴，左掌继续左移，平按到左前方（东南杜门）八分之一处；同时右掌左移摸左膝，左膝迎；屈左膝，重心移于左脚；左掌由体左前成立掌，松垂下落到体左侧，掌心朝右，指尖朝下；左掌由体左侧往左（正东伤门）舒伸、上掤，掌心向下，指尖朝东，高与肩平，同时右掌自左膝前向左上方移到左臂弯内侧下方；重心集于左腿，成左侧弓步，意在左掌心；视线自左食指尖上方向东平远看。（图1-26-3）

图1-26-2 　　　　　　　　　图1-26-3

3. 右掌平按

右转腰，左掌微向左舒伸，而后向下松落到左腿外侧，掌心向右，指尖向下，同时右掌自左臂弯内侧下方上摸左肘少海穴，左肘不让摸，右掌心要摸左极泉穴，左极泉穴也不让摸，右掌以食指引导，自左极泉穴向左前上方移动，掌心向内，指尖斜向上（图1-26-4）；同时身随掌起，右脚松力收到左脚旁，成自然步，随立身；随腰右转，左掌掌心向右，指尖向下，自左腿外侧沿下弧线往右摸左膝，左膝迎，同时右掌移到左前（东南杜门）八分之一处，再沿上弧线往右按，掌心向内，指尖朝上，此时拉开右云门（图1-26-5）。左掌继续右移到小腹前下方，掌心向右，指尖朝下，同时右掌随右转体继续向右平按，右掌移到体正前（正南），掌心向左，指尖朝上，拇指与眼同高，遥对印堂穴；两腿屈膝下蹲，重心平分于两脚，意想"三田"合一（图1-26-6）。右掌以小指引导，沿外弧线继续外旋平按，掌心转向外，指尖向上，此时意想拉开左云门；右掌继续右移，平按，到右前（西南死门）八分之一处，同时左掌右移摸右膝，右膝躲，屈右膝；此时重心移于右脚；右掌平按到右侧（正西惊门），掌心向下，指尖朝右，高与肩平，左掌移到右臂弯内侧下方，掌心向上，指尖朝右；同时左脚向左横开一步，脚尖内侧着地，重心集于右脚，成右侧弓步，意在右掌掌心；视线自右食指尖向西平远看。（图1-26-7）

图 1-26-4

图 1-26-5

图 1-26-6　　　　　　图 1-26-7

4. 左掌平按

动作与本式动作 2 相同。

5. 右掌平按

动作与本式动作 3 相同。当右掌按到正西时，右掌变钩与第三式斜单鞭动作 1 相同，变钩方向为正西。

6. 左掌平捋

动作与第二十五式单鞭动作 2 相同。但向右的按掌变钩时在正西，右钩随左掌平捋时要向前移动八分之一至西南死门，单鞭为左侧弓步。

注 1：180°云手的一横一竖为右手向右后下落为一横，左手向左云为一竖；到左前，左手下落为一横，右手向右云为一竖。

注 2：左、右云手的左、右内劳宫穴与眼同高；眼神自拇

指上方向前平远看，不能看掌心。

第二十七式　左探马

本式共 2 动。

1. 两掌虚合

上接"单鞭"。重心在左脚，松左腕，左掌微前伸，以小指引导，逐渐向上翻转掌心；眼神从左腕收回，经左云门、右云门看右腕；重心右移，成右侧弓步，向左转腰，扣右脚尖，使脚尖朝正东；同时，右钩松力变掌，屈臂，右掌指前引，右掌心朝下，右合谷经右耳门向前下找右云门，右臂以肘为轴内转，右掌指尖朝左（图1-27-1），同时，左掌翻转，掌心向上，随左转腰撤到右上腹前，前臂平屈，指尖朝右，两掌虚合，右上左下，两掌心相对；继之以右合谷找左云门，左掌随之；腰继续左转，长腰立身，同时收左脚并于右脚内侧，脚尖虚着地，成丁虚步（图1-27-2）。右膝松力，向下蹲身，右肩

图 1-27-1

图 1-27-2

从背后催左胯，右肘向后扎，左脚自动向左前方伸出，左脚跟着地，成右隅步坐势，重心集于右脚，意在右掌心；右臂平屈于体前，略低于肩，面向正东，视线向前平远看。

2. 两掌右伸

左脚落实，左膝前弓，成左隅步弓势；两掌随左膝前弓向左前八分之一处伸出，然后继续沿外弧线移到右前十六分之一处止，右掌在前，腕与肩平，掌心朝下，左掌移到近右臂弯处，掌心朝上，意想左掌拇指、食指、中指、无名指、小指盖依次贴地；身随之右转，面朝正东，重心集于左脚，两脚尖均朝正东，仍为左隅步弓势，意在左掌掌指；视线在屈膝前弓时自右食指尖向前平远看。（图1-27-3）

图1-27-3

第二十八式　右分脚

本式共4动。

1. 右掌回捋

重心集于左腿，则左腿为实、静、阴，意在左臂；要让左臂垂落，则先想松左手、松左肘、松左肩，左臂自然松垂于体侧；再想沉左肩、坠左肘，左臂沿外弧自起，继而沿上弧线移至体前，左掌略高于头，掌心向右，指尖斜向上，掌缘遥对前额中心，同时，右掌以小指引导，沿下弧线向右、向下、再向左移到腹前，即左臂弯内侧下方，掌心朝左，指尖朝前；重心在左脚，意在左掌心；视线由左拇指尖向前平远看。（图1-28-1）

2. 两掌相错

重心仍集于左腿，左腿为实、静、阴；意在左臂，想左手不离右肘，左肘下沉，右手上引，使左掌扶于右肘内侧，掌心斜向下，右腕高与耳门平，掌心向左，指尖向上，右拇指对准印堂穴；继而想左肘不离右手，左掌上引，右肘微下沉，使右掌扶于左肘内侧，掌心斜向左下；左腕高与耳门平，掌心向右，掌指斜向上，左拇指对准印堂穴；重心仍在左脚，意在左掌心；眼神由左拇指尖平远看。（图1-28-2）

图1-28-1　　　　　　　　图1-28-2

3. 两掌高举

左掌以小指引导，向左前上方舒伸；左腿由弓步微逐渐直立，长腰立身，身随掌起；同时右掌随动向左前上移，与左掌心虚合遥相对，如搭凉棚，两掌高举，向上引过头顶；右腿松力，向前提膝，脚跟离地，脚尖微起，左腿独立。（图1-28-3）

提膝不想膝，而想交互的肘；提右膝，即想左肘下沉（右肘随动），则右膝自起，高与胯平；两肘与肩平，两掌随之下落到高于头维穴，指尖向上、掌心向里；重心在左腿，意在左肘；眼由右掌食指向前平远看。（图1-28-4）

图 1-28-3 　　　　　图 1-28-4

吴式太极拳在运行中要体现三合。如，左肩与右胯是一条线，是对应点；相应的右肩与左胯、左肘与右膝、右肘与左膝、左手与右脚、右手与左脚都是一条线相连，表现为三组交叉线。

4. 两掌平分

两掌以食指引导，走上弧形线向两侧分开下落，右掌至右前八分之一处，指尖朝东南，掌心向东北，左掌向左侧下落，指尖朝北，掌心向东，两掌高度与肩平，两臂之间夹角约为135°；同时右脚向右前方踢出，脚面绷平（此为踢胸点肋），重心在左脚，意在左掌心；眼神由右掌拇指指尖上方平远视。（图1-28-5）

图 1-28-5

第二十九式　右探马

本式共2动。

1. 两掌虚合

两膝松力，松腰松胯，左膝微屈，重心下沉，右腿松力，右前落脚，脚跟着地，成左隅步坐势；同时两肘松力，左掌以合谷穴找右云门穴，掌心朝下，指尖向右，做单臂捋髯，右掌以小指引导，向下翻转到右手背接近右膝，掌心向上，指尖向左，左掌由右云门穴向右前下虚按到右掌上方，两掌心上下相对，左臂平屈于体前，略低于肩；面向正东，重心在左脚，意在左掌心；视线向前平远看。（图1-29-1）

2. 两掌左伸

动作与第二十七式左探马动作 2 相同。只左右肢体互换，左掌指尖朝东北；而第二十七式左探马动作 2 两掌右伸之右掌指尖朝东南。（图 1-29-2）

图 1-29-1

图 1-29-2

第三十式　左分脚

本式共 4 动。

1. 左掌回捋

动作与第二十八式"右分脚"动作 1 相同，但左右肢体互换。

2. 两掌相错

动作与第二十八式"右分脚"动作 2 相同，但左右肢体互换。

3. 两掌高举

动作与第二十八式"右分脚"动作3相同，但左右肢体互换。

4. 两掌平分

动作与第二十八式"右分脚"动作4相同，但左右肢体互换。分脚方向为东北。

第三十一式　转身左蹬脚

本式共4动。

1. 两拳交叉

两臂弯松力，左右掌以小指引导向身前合抱而渐变为拳，至体正前时，两腕交叉，高与肩平，左拳在外，右拳在内，拳心均朝内；同时右膝松力，屈膝下蹲，左膝松力，小腿悬垂，随右腿下蹲，左脚向身体右后侧撤步，前脚掌着地，成歇步，左膝盖顶住右小腿的承山穴，重心在右脚，意在右拳；眼由两拳中间平远看。（图1-31-1）

图1-31-1

2. 转身提膝

欲左先右，沉肩坠肘，松腰松胯，左肩由体前找右胯，左肘自体前找右膝，腰微右转；然后以两脚掌为轴向左后转身约八分之三，胸向西北，重心仍在右脚，左脚尖虚点地，两腿均屈膝；两拳仍在胸前交叉，两腕低于肩，两臂松力，两拳微上移；身随拳起，右腿独立，左腿屈膝松垂，随长腰立身而微提。重心仍在右脚，意在右拳心；眼由两拳中间平远视。（图1-31-2）

3. 两拳高举

两臂放松，两拳向前向上方舒伸高举，随之两拳向内翻转渐变为掌，指尖向上，掌心朝外，两肘向下松垂，两掌沉落到略高于头维穴；右腿独立，随右肘下坠左膝上提，高与胯平，身体略向左转动，重心在右脚，意在右掌心；视线由左掌食指尖平远视。（图1-31-3）

图1-31-2 　　　　　　图1-31-3

4. 两掌平分

动作与第三十式"左分脚"动作 4 相同,只是将左脚尖钩回,蹬脚方向为西南。(图 1-31-4)

图 1-31-4

第三十二式　进步栽捶

本式共 6 动。

1. 左掌搂膝

右膝松力,松腰松胯,屈右膝,同时左脚下落,脚跟着地,成右正步坐势;两掌松力屈臂,在体前相合后下按,即双臂捋髯(图 1-32-1);同时左脚落平,重心移于左脚,左膝前弓,成左正步弓势,继之右腿松力提膝跟步,并于左脚内侧,成自然步,两腿直立;两臂自然下垂,重心在两脚间。以下动

作与第六式"搂膝拗步"动作 5 相同，唯方向相反。

2. 右掌前按

动作与第六式"搂膝拗步"动作 6 相同，方向相反。

3. 右掌搂膝

动作与第六式"搂膝拗步"动作 7 相同，方向相反。

图 1-32-1

4. 左掌前按

动作与第六式"搂膝拗步"动作 8 相同，方向相反。

5. 左掌搂膝

动作与第六式"搂膝拗步"动作 9 相同，方向相反。

6. 右捶下栽

左掌搂膝（图 1-32-2）后，左脚落平；右手指松拢变拳，随左膝前弓而向前下方舒伸到左膝前，拳眼向下，拳面向前，送到左膝前时拳眼向后，拳面向下，在右拳下栽的同时，左掌向后找左环跳时变拳，也使其拳面向下，此时两拳眼前后相对；为防止上身前冲，应使左气冲穴落在腹股沟上，重心在左脚，意在左拳心；视线由右拳根节向前下方看。（图 1-32-3）

图 1-32-2　　　　　　　　图 1-32-3

第三十三式　翻身撇身捶

本式共 2 动。

1. 右拳上摆

以左拳眼向前击撞右拳眼，趁势身向右后转，右拳被击后沿外弧线向前、向上、向后划弧平落，与肩同高，方向正东，拳眼向右，拳心向上；当右转腰胸向西北时收右脚跟，使脚尖朝北，当胸向北时扣左脚，此时左脚尖向北偏东，两脚尖成丁八步，重心仍在左脚；此时左臂平伸，方向为西偏北；重心在左脚，意在左拳心；视线随右拳中指中节向前平远看。（图 1-33-1）

2. 右肘下采

右转腰，右脚虚起收落至左脚右侧，脚尖朝东虚着地，随腰右转面向正东，左脚尖随之扣向正东，重心仍在左脚；右拳随右肘之下采而落至右膝上方，拳心向上，拳眼向右，左拳沿外弧线下落覆于右拳上，拳心向下，拳眼向后，与右拳心上下相对；随右拳下落，右脚落实，重心移于右脚，意在右拳；眼随两拳心相合后抬头向前平远视。（图 1-33-2）

图 1-33-1

图 1-33-2

第三十四式　右蹬脚

又叫"翻身二起脚"。本式共 6 动。

1. 翻掌出步

重心转至左脚，左拳与右拳相错，左拳以小指引导，循右拳之外缘向下移动，拳心朝下，拳眼向后，右拳变掌，拇指、无名指与小指三指撮合，食指、中指二指自然并拢伸直，顺左拳上方前伸，右肘尖落在左拳背上，右掌心朝上；同时沉左肩，

太极拳授课实录

坠左肘，左胯背后摧右膝，右脚向右前八分之一处伸出，脚跟着地，成左隅步坐式（图1-34-1）。随势右掌二指继续前伸；重心前移，左腿蹬直成右隅步弓势；当右掌二指前伸时，掌心翻朝下，左拳变掌，掌心朝上，停于右上臂下方（此为白蛇吐信，用于取对方双目）（图1-34-2）。接着做落掌跟步，即右掌下落至胯侧，掌心向后，指尖朝下，左掌随动，附于右臂弯内侧，掌心向上，指尖向右；同时左脚跟步至右脚内侧，脚尖虚着地；接着右掌走下弧伸向西南，掌心向下，左掌随动，掌心向上，附于右臂弯；左脚向东北上步；然后右掌平捋至东北，左掌随动，两掌上下相合，掌心相对；此时左脚跟虚着地，成右隅步坐势，随左转腰，胸朝正东，重心在右脚，意在右掌心；视线向正前平远看。（图1-34-3）

图1-34-1

图1-34-2

图1-34-3

2. 两掌右伸

动作与第二十七式"左探马"动作2相同。

3. 右掌回捋

动作与第二十八式"右分脚"动作1相同。

4. 两掌相错

动作与第二十八式"右分脚"动作2相同。

5. 两掌高举

动作与第二十八式"右分脚"动作3相同。

6. 两掌平分

动作与第二十八式"右分脚"动作4相同。但此动是右蹬脚，提膝后右小腿外展时向外蹬脚跟，方向正东，意在左掌根。略。

第三十五式　左右打虎

本式共4动。

1. 两掌里合

左腿独立，并向下松沉、微屈，收腹松腰，同时右膝松力，屈膝内合（提膝，脚尖悬垂）；右掌以食指引导，掌心翻转朝下，向左下合，左掌以食指引导，掌心翻转朝下向右合，两掌一同伸向左前八分之一处（东北隅，意指对方眼睛），左掌在

前，右掌在后，右拇指贴于左臂弯内侧；左膝松力下蹲，右脚向右后方（西南）撤步，脚跟内侧着地（以手带脚，手为主动，脚为从动），左掌心、命门、右脚心三点一条线，重心在左脚，意在左掌心；视线自左掌食指尖上方平远看。（图1-35-1）

2. 两拳并举

两掌向右下捋，左掌心找左阳陵泉，右掌心找右阴陵泉，左右两掌分别轻扶左阳陵泉、右阴陵泉；此时右脚尖向右展四分之一（正南）落平（收小腹、尾闾上三山，产生龟缩力）（图1-35-2）。两掌顺左、右膝向右摸转，右手到右环跳，左掌摸到右阳陵泉；同时弓右膝、扣左脚，成右隅步弓式（图1-35-3）。两掌向右前弧形上提，渐变为拳，到右前八分之一处时，右拳高与耳平，微屈右肘，拳面向左前，拳眼斜向外下，左拳随之，拳眼向上，贴在右肘下；当两拳到位时左脚跟进半步，脚尖着地（图1-35-4）。跟步后腰向左转，扣右脚；右拳向左侧贯出，称为转体左贯，拳面朝东，胸向东南；重心在右脚，意在右拳；视线先随右手动，在右拳向左贯时，顺势

图 1-35-1　　　　　　　　　图 1-35-2

朝右前方（东南隅）看。（图1-35-5）

3. 合掌撤步

两拳变掌，向右前八分之一处（东南隅）舒伸，右掌在前、在外，左掌在后、在内，掌心均朝下，左拇指在右臂弯内侧；右膝松力，向下蹲身，同时左脚向左后方（西北隅）撤步，脚尖里侧着地（此动体现上下相随，下随上），重心在右脚，意在右掌心；视线随右食指尖动。（图1-35-6）

图 1-35-3

图 1-35-4

图 1-35-5

图 1-35-6

4. 两拳并举

动作与本势动作 2 相同，只左、右肢互换。另外左转腰时是以左脚掌为轴，收左脚跟；右脚为外展脚跟。略。

第三十六式　提步蹬脚

又称"十字蹬脚"。本式共 2 动。

1. 两拳相合

右转腰，扣左脚，右脚跟里收，脚尖点地，胸向正东；两肘下垂，两拳向外翻转回落至胸前相合，拳心均朝内，右拳在外，左拳在内；重心在左脚，右脚跟虚起，意在左拳；视线向前平远看。（图 1-36-1）

图 1-36-1

2. 分拳蹬脚

左腿舒直，长腰立身，右腿松垂提膝；同时两肘向左右舒伸，两拳指中节相对，拳眼向上，拳心朝里，高与胸齐，两拳自胸前向左右两侧分开撇打，高与肩平，拳心向前，以两臂舒直为度；分拳时要沉肩坠肘，同时右脚向正东蹬出，重心在左脚，意在左拳心；视线向前平远视。（图 1-36-2）

图 1-36-2

第三十七式　双风贯耳

本式共 2 动。

1. 两拳下合

左膝松力，向下蹲身，右脚跟虚着地，成左正步坐势；两臂松力，左拳向右下移到右膝上方，右拳向左下移至两腕交叉，左拳在内，右拳在外（图 1-37-1）；然后两拳自外向下、向里再翻向外，两拳变掌分至左右侧，两掌间距离与肩同宽，掌心向上，指尖朝前；两掌变钩，手背下采，肘尖扎地，贴地皮往后移，随右脚逐渐落平，右膝前弓，两掌从身前向两侧分开，走下弧形至两胯后侧；同时弓右膝成右正步弓势，重心在右脚，意在右腕；视线向正前平远看。（图 1-37-2）

2. 两拳相对

两钩变掌，掌心朝前，同时两肘上提，使两掌心与两肾俞穴同高（图 1-37-3），继而两掌下插，滑至环跳，顺势两臂自左、右向前上舒伸至与肩平时，两掌变拳（为空心拳，拳到位后变实心），向正前方贯出，两拳面相对，相距约 10 厘米，拳眼向下；重心仍在右脚，意在两拳；视线从两拳之间平远看。（图 1-37-4）

图 1-37-1

图 1-37-2

图 1-37-3

图 1-37-4

第三十八式　披身蹬脚

本式共 4 动。

1. 两拳松转

右脚跟松力，以脚掌为轴，脚跟向里收转四分之一（脚尖朝正南），上体随之半面右转；同时沉肩、坠肘，两拳向右前松旋；视线随两拳转向右前八分之一处；左腿放松，脚跟虚起，重心微前移，重心在右脚，意在两拳面；视线朝东南隅平远看。（图 1-38-1）

图 1-38-1

2. 两拳交叉

以会阴为圆心，尾闾绕会阴向右顺时针旋转，从而带动腰、胯、肩、肘、腕右旋，形成一个腰圈、胯圈、肩圈、肘圈、腕圈，多圈同转，使身体继续右转，面朝正南；同时松腰屈膝下蹲，左脚自然虚松，左膝上部附于右腿委中穴，左脚尖着地，脚跟上起成歇步；此时，两臂放松，两肘下垂，两拳外旋，左拳向右移，左腕贴于右腕外面，两腕成交叉，两拳拳心转朝里，拳高与肩平；重心在右脚，意在右拳，视线朝东南隅平远看。（图 1-38-2）

3. 两拳伸举

两拳交叉向前上方（偏左）伸举，身随拳起，两拳边伸边转边变掌，交叉之两腕伸到头前上方时，掌心已转向外，沉肩坠肘，两掌向体侧松落，掌心仍朝外，右肘下沉；左脚自起，左膝松屈，左脚尖悬垂，右脚独立；面朝正南。重心在右脚，意在右肘扎地，视线正前平远看。（图 1-38-3）

图 1-38-2

图 1-38-3

4. 两掌平分

动作与第三十一式"转身左蹬脚"动作4相同。但此动胸向正南，左脚跟向正东蹬出。重心在右脚，意在右掌根向正西按出，视线由左掌拇指上方向东平远视。（图 1-38-4）

图 1-38-4

第三十九式 转身蹬脚

本式共4动。

1. 左脚右转

松右肩、沉右肘,以右劳宫穴找右环跳穴,左手随之走外弧线向右后上方够东西;视线由左食指转移至右拇指;身随两臂向右后方转,右脚松力,脚跟微虚起,同时左脚踝部松力,左脚尖内扣,随右转腰,沿外弧线向右后方摆动,并向西北隅上一步,左脚跟落地,下落在右脚尖前的外侧(尽量往后落),同时右腿微屈,重心微下降。重心仍在右脚,意在右掌;视线由左掌食指尖向西北隅平远看。(图1-39-1)

图 1-39-1

2. 两掌变拳

向右扣左脚尖,朝正北落实;身体向右转朝正北,重心移到左脚,屈膝下蹲,右脚跟步,落至左脚内侧,右脚尖虚着地,成右丁虚步;同时,左臂屈臂向外旋,右臂也松肘外旋,腕部交叉于胸前,两掌随腰右转下蹲渐变拳,右拳在外,左拳在内,拳心均朝里,拳高与肩平;重心在左脚,意在左

拳；视线向右前平远看。（图 1-39-2）

3. 两拳高举

动作与第三十八式"披身蹬脚"动作 3 相同，只是朝向相反，左、右肢互换。

4. 两掌平分

动作与第三十八式"披身蹬脚"动作 4 相同，只是朝向相反，左、右肢互换。右脚蹬向正东。

图 1-39-2

第四十式　上步搬拦捶

本式共 6 动。

1. 左掌搂膝

左膝松力，微屈，右脚下落，脚跟着地，成左正步坐势，右脚渐落平，弓右膝，重心前移于右脚，成右正步弓势；同时，两掌松力屈臂，在体前相合下按，即双臂捋髯（图 1-40-1）。继之左脚松力向前跟步，并于右脚内侧，成自然步，两腿直立；两臂自然下垂；体重在右脚，意在右掌心，右臂向左侧松移，右掌心向左，与左掌虚合，掌心相对，先左前抱球，转至正前抱球、右前抱球（以下动作与第六式"搂膝拗步"动作 5 相同）。

2. 右掌前按

动作与第六式"搂膝拗步"动作6相同。

3. 左掌右按

右臂向前舒伸，与肩同高，掌心向下，掌指朝前；身随臂起，右腿松力，右脚向前提起跟步，与左脚并成自然步，微立身后沉右肩，坠右肘，重心渐移右脚，右腿屈膝下蹲，腰微右转；右掌、右腕松力，自体前随肘下沉，边沉边握拳，回落于带脉右外侧，拳眼向上，拳心朝里，同时左掌自体左侧上提沿外弧线前移，从体正前运至右前，向体右侧下方虚按，轻覆于右拳眼上，掌心向下，指尖朝右；右肩背后摧左胯，左脚跟虚起，左脚上步，脚跟虚着地，成右正步坐势。重心在右脚，意在右拳面，视线随左掌食指尖向前平远看。（图1-40-2）

图1-40-1　　　　　　　图1-40-2

4. 右拳前搬

动作与第八式"上步搬拦捶"动作 2 相同。

5. 左掌回拦

动作与第八式"上步搬拦捶"动作 3 相同。

6. 右拳前捶

动作与第八式"上步搬拦捶"动作 4 相同。

第四十一式　如封似闭

本式共 2 动。

1. 抽拳分掌

2. 两掌前按

以上两动的动作与第九式"如封似闭"相同。

第四十二式　抱虎归山

本式共 4 动。

1. 两掌下按
2. 两掌展开
3. 两掌上掤
4. 两肘下垂

以上 4 动动作与第十式"抱虎归山"各动相同。

第四十三式　左右斜步搂膝

本式共 4 动。

1. **左掌搂膝**
2. **右掌斜劈**
3. **右掌搂膝**
4. **左掌斜劈**

以上 4 动动作与第十一式"左右斜步搂膝"各动相同。

第四十四式　隅步揽雀尾（4）

又称"狮子大张嘴"。本式共 6 动。

1. 左掌翻转

收腹、松腰，身体右转，重心后移至左脚，成左隅步坐势，右脚跟虚起，脚尖着地；同时，左腕松力，左臂以曲池穴外找少海穴，少海穴找膻中穴，掩左肘，掌心翻转向上，指尖朝西北；腰微左转，左隅步坐势变成右隅步弓势；同时右肘松力，右掌上提，向左前舒伸至左臂弯前上方，掌心向上，重心在右脚，意在右掌心；视线经右掌食指尖平远看。（图 1-44-1）

图 1-44-1

2. 左掌打挤

右掌自左臂弯前上方以右掌内劳宫穴回找右肩井穴，打一阴肘，再以右肩井穴回找右掌内劳宫穴，再次以肘发力；由右隅步弓势渐变为左隅步坐势，重心在左脚，右脚跟虚起，脚掌着地。（图1-44-2）

然后左肘微下沉，左掌自动由掌心向上变成掌心向右的侧立掌，同时右掌向左前舒伸，使两掌的外劳宫穴相贴；重心前移，由左隅步坐势变成右隅步弓势。（图1-44-3）

图1-44-2 　　　　　　　　图1-44-3

同性相斥。因两手背相贴为同性相贴，一贴即走，左、右掌分别向外、向里边旋转边上下分开，变成两掌心斜相对，两腕大陵穴遥相合，右掌在上，左掌在下，右掌心斜朝前，指尖斜向上，左掌心斜向上，指尖斜向下。犹如狮子张大口（图1-44-4）。同时重心后移，变为左隅步坐势，右脚尖翘起；再随腰左转，两掌左移，边左移，两大陵穴边沿逆

第一章　八十三式太极拳授课实录

时针方向相对旋转，犹如狮子向左摇头、向右摆尾，两掌变成左掌在上，右掌在下（此为狮子大张嘴）。（图1-44-5）

微向左转体，右腕松力，横落于胸前，掌心向里，掌指向左，左掌扶于右脉门，掌心向外，掌指斜向上，指尖高略低于鼻尖；与此同时，右脚落平，右膝前

图1-44-4

弓，左腿蹬直，形成右隅步弓势，重心在右脚，方向正西；挤时右前臂微内旋，左掌根透过右脉门微向前下扣；意想夹脊找右涌泉，脊背有微向后倚之意，重心在右脚，意在右掌腕；视线随左掌食指尖平远视。（图1-44-6）

图1-44-5

图1-44-6

105

3. 右掌回捋

动作与第二十四式"上步揽雀尾"动作 3 相同。

4. 右掌前掤

动作与第二十四式"上步揽雀尾"动作 4 相同。

5. 右掌后掤

动作与第二十四式"上步揽雀尾"动作 5 相同。

6. 右掌前按

动作与第二十四式"上步揽雀尾"动作 6 相同。

第四十五式 斜单鞭

本式共 2 动。

1. 右掌变钩

动作与第十三式"斜单鞭"动作 1 相同。

2. 左掌平按

动作与第十三式"斜单鞭"动作 2 相同。

第四十六式 野马分鬃

本式共 12 动。

第一章　八十三式太极拳授课实录

1. 两掌内合

左腕松力，微向左舒伸，中指与拇指虚合（中间有一定距离），向右侧微伸，形成右钩腕打；此时重心右移，成右侧弓步；两臂松力，右钩变掌；身向右转，面向正西，左膝松力，左脚尖扣向正西；重心随移即至左脚，仰右脚尖，成左隅步坐势，意想右肘与左膝合，右肩与左胯合；右掌自右向左移至胸前，拇指遥对鼻尖，腕与肩平，掌心朝内，同时左掌自左向右移至胸前，左大陵穴与右内关穴相合，掌心朝前下；此时使右阴陵泉穴贴左阴陵泉穴，成一字步势，重心在左脚，意在左掌心；视线从右掌拇指尖上方平远看（意想右掌心托左脚涌泉穴，左掌心按在右脚背上）。此称六爻。（图1-46-1）

图1-46-1

2. 右掌下采

做抽身长手，俗称"虎洗脸"。左膝松屈，腰胯微下沉；左掌以食指引导向上举，从头前向右移，再沉落在右耳外侧，掌心朝右，指尖向上，右掌以小指引导，向左下方移至左膝前，掌心朝左，指尖朝下；重心在左脚，意在左掌掌心；眼神向前平远看。（图1-46-2）

3. 右脚横移

右掌继续以小指引导，移至左膝外侧并下插，以右外劳宫穴找左阳陵泉穴；同时向右前摆头，出隅步，眼向右前看（右掌外下插为平衡动作）用眼神将右腿带出，向右前横移八分之一，脚跟着地，成左隅步坐势，重心仍在左脚，意在左掌心，视线向右前平远看。（图 1-46-3）

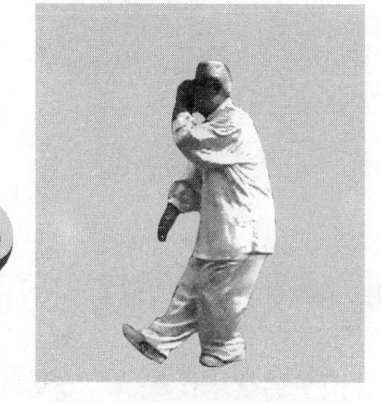

图 1-46-2   图 1-46-3

4. 右肩右靠

左臂放松，左掌以食指引导，向右前下落，右臂屈肘，右掌向右前上伸；同时右脚落平，两掌在右胸前相合；当右手小指伸到与右耳垂相平时，掌心朝上，再用眼神带动左臂，向左下方轻轻舒直，到左劳宫穴与左脚申脉穴上下相对时，使左臂内旋，令左手虎口翻朝下，有下掐脚脖之意；同时弓右膝，外展左脚跟，成右隅步弓势，重心在右脚，意在右掌掌心，眼从

左掌虎口向下看。（图 1-46-4）

5. 右掌回捌

做"跟步虎洗脸"。视线从左掌食指移向正前方平远看，提顶竖腰；右肩、右肘松沉，右掌以食指引导，向左后方回捌到左耳外侧，掌心朝左，指尖朝上，同时左腕放松，左掌以小指引导，向右前方移到右膝前，掌心朝右，指尖朝下；同时收左脚，左脚跟步，经右脚内侧向左前八分之一处伸出，脚跟着地，成右隅步坐势，重心仍在右脚，意在右掌掌心，视线正前方平远看。（图 1-46-5）

图 1-46-4    图 1-46-5

6. 左肩左靠

动作与本式动作 4 相同，但左右肢互换。

7. 左掌回捌

动作与本式动作 5 相同，但左右肢互换。

8. 右肩右靠

动作与本式动作 4 相同。

9. 两掌内合

左腿松力、微屈，体重后坐，重心后移于左脚，右脚尖翘起，脚跟着地，由右隅步弓势变为左隅步坐势；同时右肘与左膝合，右肩与左胯合，右掌由右前斜上方自动向左下移至胸前，右拇指遥对左鼻孔，腕与肩平，掌心朝内，指尖向上，左掌自左腿申脉上方向胸前合，左腕大陵穴与右前臂内关穴合，掌心朝下，指尖斜向上；同时右脚向左横移，脚跟着地，令右阴陵泉穴贴左阴陵泉穴，成一字步势（意想左掌心按在右脚背上，右掌心托左涌泉穴），重心在左脚，意在左掌心；视线从右掌拇指尖上方向前平远看。（图1-46-6）

图 1-46-6

10. 右掌下采

动作与本式动作 2 相同。

11. 右脚横移

动作与本式动作 3 相同。

12. 右肩右靠

动作与本式动作 4 相同。

第四十七式　玉女穿梭

本式共 20 动。

1. 右掌翻转

视线由左下方转向右前方看右手中指，而右手中指不让看；右手向右前方微长，意想右手拇指肚至小指肚依次按地，掌心翻转向下，同时左腕放松，左掌追眼神，松左手、松左肘、松左肩，掌心朝右，指尖朝下，以食指为引导向左摸左膝，进而摸右膝，左掌松垂至右膝内侧；重心在右脚，意在右掌心；眼神由右掌食指尖向右前平远看。（图 1-47-1）

图 1-47-1

2. 左掌斜掤

眼神收回，沿右掌前外侧弧形下落，自右掌小指尖转视右肘尖；此时左掌随着眼的转视动作自然上起，至掌心托右肘；眼神想看左掌中指尖，而右肘不让看，随之右肩一松沉，右肘微右移掩肘（此为一平衡动作）；左腿松力、提膝，左脚经右脚内侧，使两阴陵泉穴相贴，向左前进一步，脚跟着地，形成右隅步坐势，重心在右脚，意在右肩井（掩右肘时可以右拇指找膻中穴）（图1-47-2）。继续沉右肩，坠右肘，右手找左脚，左脚放平；随之右肘找左膝，重心至左腿，右肩找左胯，重心完全左移，想左肩、左肘，左手逐渐松力，使左掌（掌心向上）伸向左前，想拇指至小指盖依次贴地，肚脐找大敦穴，左掌指尖向西南，腕高同肩，右掌指尖附于左脉门处随之前伸；身随臂转，面向西南隅，弓左膝成左隅步弓势，重心在左脚，意在左掌心；视线由左掌食指尖向西南隅平远看。（图1-47-3）

图1-47-2 　　　　　　　　　图1-47-3

3. 左掌反采

腰微左转，以左掌食指为引导，左肘尖先沿内弧找左阳陵泉穴、左委中穴、左阴陵泉穴，再沿外弧线找右阴陵泉穴、右犊鼻穴、右阳陵泉穴；重心移于右脚，成右隅步坐势，左脚尖着地（图1-47-4）。意想右肩找左胯，右肘找左膝，右手找左脚，右掌轻扶左脉门，向左上方掤；随之左掌以食指引导，走外上弧向左后上方移动，意想拇指至小指肚依次逐渐托天，左掌移至正南（应松肩坠肘），略高于头，指尖向后上方，掌心朝上，右掌掤到左臂弯处；同时右膝松力，腰向右后收，左腿伸直，胸向西南，成右隅步坐势，左脚尖翘起，重心在右脚，意在右掌心；视线自左掌食指尖上方向正南平远看。（图1-47-5）

图1-47-4

图1-47-5

4. 右掌斜按

松右手、松右肘、松右肩，右臂自然下落，当右手下落至体前时右臂外旋，使右掌心翻转向西南，在右掌翻转的同时，左掌下落至体前左侧，掌心亦向西南；重心在右腿，则意在右臂，想松右肩、右肘、右手，两掌向左前（西南方）提起；重心前移，左膝前弓成左隅步弓势，意想松左小指的根、中、梢，两脚尖均朝西；两掌继续向西南提起（似老妪轰小鸡），此时两掌小指相吸，略低于胸。此式称"霸王送客"（图1-47-6）。两小指相吸，一碰即分，右掌不动，左掌以食指引导，向左后上方沿外弧线上举，至东南方向，然后左掌心翻转朝上，以左外劳宫穴对正百会穴，此时右掌掌心翻转朝西南；随势从左隅步弓势收腰坐身成右隅步坐势，左脚跟虚起，脚掌着地（图1-47-7）。随即重心前移，弓左膝，再成左隅步弓势；同时左掌以拇指下插右掌虎口，右掌由掌心朝上变朝向西南隅斜按，两掌虎口相对，左掌高与眉平，右掌拇指尖对鼻尖，掌心朝西南；身朝左前方（西南），重心在左脚，意在左掌心；眼从右掌食指上方平远看。（图1-47-8）

图1-47-6

图1-47-7

图1-47-8

5. 左掌右转（双龙盘玉柱）

腰微左转（右肾托左肾），两臂随势圆撑，视线注视右掌食指，称为"犀牛望月"。竖腰立顶、收腹、松胯，腰右转；左掌以食指为引导，沿外弧线向右后方转，意想外劳宫穴找右耳门，掌心朝外，指尖向右（小指扎天，拇指入地），同时右臂松力，右掌掌心翻转斜向上，落至左肋下，意想从左前绕至左后，通过左阳陵泉穴到左小腿内侧的照海穴入地；左掌转到西北方向时，左脚尖扣向正北，左掌继续转至面向正东时，右脚跟虚起内收，两脚尖均朝正北，两阴陵泉穴相贴，成一字步，重心仍在左脚，左外劳宫穴贴右耳门，意在左掌掌心；视线随左掌食指尖平远看。（图1-47-9）

图 1-47-9

做此式，注意百会、会阴与实腿的照海穴要垂直成一线。上下一条线，全凭左右转。

6. 右掌斜掤

欲右先左，腰先微向左转再右转，沉左肩、坠左肘，左肩自体前催右胯，左肘自体前催右膝；右脚向右前方横移一隅步（东南方向），脚跟着地，成左隅步坐势，重心在左脚，意想左手合右脚；左手自小指至拇指肚依次按地；随腰右转，右掌心贴左臂外向右前方移动，移到左掌指尖和右脉门相贴；右脚落平，重心移右脚，意想右手拇指至小指盖依次贴地；右掌继续移动到右前方八分之一处（东南），伸到极度，腕高与肩平，左掌指尖附于右脉门处随之前伸；同时左脚跟外展，成右隅步弓势，意想神阙穴找大敦穴，重心完全前移到右脚，意在右掌掌心；视线随右掌食指尖动。（图1-47-10）

图1-47-10

7. 右掌反采

动作与本式动作3相同，唯左右肢互换，胸向东南；视线自右掌食指尖向正南平远视。

8. 左掌斜按

动作与本式动作4相同，唯左右肢互换，胸向东南，左掌掌心按向东南。

9. 两掌内合

腰微左转，沉左肩、坠左肘，继之右转腰，松右肩、坠右肘，两掌自东南扶向正南，右掌在前，左掌在后，两掌心均朝下，腰继续右转，两掌向西南扶伸；同时松左膝，左脚向左前方（东北）上步，脚跟着地，脚尖翘起，成右隅步坐势（图1-47-11）。两掌伸到极度时，重心全部移到右腿；右掌沿下弧线自西南向腹前捋按（称撩阴掌），左掌随动；右掌捋到右膝前时左脚落平，脚尖朝正东，随势腰左转，胸向正东，左膝前弓，重心移左脚，成左正步弓势；同时，两掌向胸前掤起，左掌沿内弧自右腹下经左腹前上掤到胸前，指尖向上，掌心向外，右掌自右膝前沿内弧掤到胸前，掌心朝内，指尖向上，拇指对准左鼻孔，两臂相合，左掌扶在右腕内关穴处；同时上右脚，脚跟着地，两阴陵泉穴相贴，成六爻式，重心在左脚，意在左掌心，视线随右掌食指尖向正前方平远看。（图 1-47-12）

图 1-47-11 　　　　　　图 1-47-12

10. 右掌下采

动作与第四十六式"野马分鬃"动作 2 相同，唯方向相反。

11. 右脚横移

动作与第四十六式"野马分鬃"动作 3 相同，唯方向相反。

12. 右肩右靠

动作与第四十六式"野马分鬃"动作 4 相同,唯方向相反。

13. 右掌翻转

动作与本式动作 1 相同,唯方向相反。

14. 左掌斜掤

动作与本式动作 2 相同,唯方向相反。

15. 左掌反采

动作与本式动作 3 相同,唯胸向东北方,左掌指及视线向正北。

16. 右掌斜按

动作与本式动作 4 相同,唯右掌心向东北。

17. 左掌右转

动作与本式动作 5 相同,唯方向转向西北。

18. 右掌斜掤

动作与本式动作 6 相同,唯方向相反(西北)。

19. 右掌反采

动作与本式动作 7 相同,唯胸向西北方,右食指及视线向正北。

20. 左掌斜按

动作与本式动作 8 相同，唯左掌心向西北。

第四十八 进步揽雀尾（5）

又称"二阴二阳掌"。本式共 8 动。

1. 两掌斜按

腰微右转，两手虎口圆撑，继之左转腰，沉右肩坠右肘，右掌以食指引导向右前（西北）舒伸，以舒直为度，同时松左腕，左掌随之落于右臂弯内侧，腕与肘平，两掌心均朝下，指尖朝西北；重心仍在右脚，意在右掌掌心；视线随右食指尖平远看。（图 1-48-1）

图 1-48-1

2. 两掌下捋

右掌以食指引导向下捋按，左掌随之向左后下方捋到右膝前上方，同时沉右肩、坠右肘；松左膝，收左脚，向前上步，脚跟着地，成右正步坐势，重心在右脚；右掌为阳，意在右掌心；右掌继续向后下捋到左膝前，左掌移到左胯外侧，两掌心均朝下，虎口朝前（正西）；同时左脚落平，松腰，弓左膝，气冲压腹股沟，成左正步弓势。此式称"上步叼捋"。重心在左脚，意转换在左掌掌心；视线自右食指尖向前平远看。（图 1-48-2）

3. 两掌前掤

沉左肩、坠左肘，腰微左转，意想左掌后拉左环跳，右腕松力，右掌边随体左移边翻转掌心向上；同时

图 1-48-2

左肩催右胯，右膝松力，右脚向前上步，脚跟着地，成左正步坐势；左掌随之前伸，掌心向下，扶于右脉门。

右脚逐渐落平，右膝前弓，右掌以食指引导伸向左前十六分之一处，随右转腰，右掌继续向右掤到右前十六分之一处，意想拇指盖至小指盖依次贴地，掌心向上（一阴掌），左掌随之前伸，掌心仍朝下，扶于右脉门；身体重心完全移至右脚，成右正步弓势。

意想拇指肚、食指肚、中指肚、无名指肚、小指肚依次按地，右掌翻转掌心向下（一阳掌），左掌随之在原位翻转掌心向上（二阴掌）；随即体重后坐，重心边后移左腿，右掌边向右腹前下采，而左掌则向前舒伸前掤，再翻转掌心向下（二阳掌）回采至左腹前；此时重心移于左脚，右脚跟虚起，前脚掌着地，成左正步坐势。（图 1-48-3）

继续收腹松腰，右掌随之由右腹前向胸前上掤，掌心向内，指尖斜向上，拇指遥对左鼻孔；同时左掌由左腹前移至右

曲池穴；重心完全集于左脚，右脚跟着地，脚尖翘起，成右抱七星状的左正步坐势，重心在左脚，意在左掌心；视线自右掌拇指尖向前平远看。

4. 左掌打挤

动作与第四十四式"隅步揽雀尾"动作2"左掌打挤"第4段相同。

图1-48-3

5. 右掌回捋

动作与第四十四式"隅步揽雀尾"动作3相同。

6. 右掌前掤

动作与第四十四式"隅步揽雀尾"动作4相同。

7. 右掌后掤

动作与第四十四式"隅步揽雀尾"动作5相同。

8. 右掌前按

动作与第四十四式"隅步揽雀尾"动作6相同。

第四十九式　单鞭

本式共2动。

1. 右掌变钩

动作与第二十五式"单鞭"动作 1 相同。

2. 左掌平捋

动作与第二十五式"单鞭"动作 2 相同。

第五十式　云手 270°

本式共 6 动。

1. 左掌下捋
2. 左掌平按
3. 右掌平按
4. 左掌平按
5. 右掌平按
6. 左掌平捋

以上动作与第二十六式"云手"相同。左右手平按的方向为东北、西北成 270°，最后成正单鞭。

第五十一式　下势

本式共 2 动。

1. 右掌下捋

左掌松力，微左伸，松左腕、肘、肩，松右肩、肘、腕，

第一章　八十三式太极拳授课实录

右钩变掌，掌心朝下；马步渐变右侧弓步（图1-51-1）；以右食指引导，向右向下走下弧线（视线随右食指尖），右掌经右膝、左膝再向上向前舒伸（图1-51-2），到腕与肩平，指尖朝正东，掌心朝左；上身随之左转，面朝正东，同时由右侧弓步渐变为左侧弓步，重心在左脚；左掌心朝右，左指尖朝东，左肘微松，左掌从右上臂上回收，附于右臂弯内侧，掌心斜向下，掌与右肘齐为度（左手不离右肘）；然后左掌再前伸，右肘微屈，右掌回收（此时掌心相错），附于左臂弯内侧，右手与左肘齐为度（左肘不离右手）；重心在左脚，意在左掌心；视线由右掌食指尖平远看。（图1-51-3）

图1-51-1

图1-51-2 　　　　　　　　图1-51-3

2. 两掌回捋

重心在左脚，意在左掌心，意想松左手、左肘、左肩；沉右肩、坠右肘；松腰松胯，腰右转，重心渐后移至右脚；同时两掌随势微走下弧向右后下捋，右掌捋到右膝前，左掌捋到左膝前，右掌附于左臂弯内侧，两掌掌心均朝下，指尖向前；同时右腿微调步后移，松力屈膝下蹲，臀部下沉，坐在右腿上方，左腿舒直成仆步，两脚尖均朝南，两脚平行在同一条直线上，上身正直松立，顶头悬，面向南；左掌以拇指根引导掩肘，指尖向前，掌心朝右，成立掌，右肘尖扎地，指尖向前，掌心朝左，亦成立掌，两掌微左移，左肘到左膝前上方，右肘到右膝前上方；重心在右脚，意在右掌心；视线随左掌食指尖向东平远看。（图 1-51-4）

图 1-51-4

第五十二式 金鸡独立

本式共 4 动。

1. 右掌前掖

身体左转，左掌指尖向前舒伸，右掌中冲穴找左腕大陵穴，同时，左脚尖外摆四分之一朝正东；右掌指尖前插，

右腕大陵穴找左掌中冲穴；右脚松力向右横开，左膝前弓，重心移至左脚，成左正步弓势；继之左掌回捋至右曲池穴，掌心向右，同时右掌根掖向对方大腿内侧血海穴，掌心向外；重心在左脚，意在左掌心；视线随右掌中指尖左前下看。（图 1-52-1）

2. 右掌上掤

重心在左脚，意想沉左肩、坠左肘，左掌自右臂内侧（曲池穴）向下舒松下按，掌心渐向下，指尖朝右；同时竖腰立顶，左腿直立，右腿松力向前提起，膝高与胯平，大小腿夹角约 120°，右脚尖上翘外撇；右掌以食指引导，向前上沿外弧边上掤，边翻转掌心朝前下方，高与眉平，左掌经右臂内侧按至右膝内侧，掌心向下，虎口张开朝右踝。此势称"迎门三不过"，又称"一身备五弓"。重心在左脚，意在左掌心；视线向前平远看。（图 1-52-2）

图 1-52-1

图 1-52-2

3. 左掌前移

左膝松力，微屈下蹲，右脚跟向右前落地，成左正步坐势；左掌松腕，以食指引导，自裆前向右腹前上方舒伸，同时右臂松力，右肘下垂，右掌下落到在右腹前上方的左前臂内侧，左掌心向下，虎口朝右，指尖朝右上，右掌心向下，虎口朝左，指尖向左上，附在左臂弯内下方；同时弓右膝，成右正步弓势，重心在右脚，意在右掌心；视线随左食指尖动。（图1-52-3）

图 1-52-3

4. 左掌上掤

动作与本式动作2相同，唯左、右肢互换。

第五十三式　倒撵猴

本式共6动。

1. 右掌反按

重心在右脚，沉右肩、坠右肘、松右腕；右掌以拇指引导外旋，掌心朝前，同时左肘松垂，左掌移到左耳外侧，使合谷贴左耳门穴；左脚随之松力下垂，脚尖斜向下；收小腹，右臂回抽，再以右掌根向左脚前下方反按、掖掌（掖掌时上身可前探），指尖朝下，掌心朝东；重心在右脚，意在右掌根；视线自右掌食指尖向前下看。（图1-53-1）

2. 左掌前按

右掌以拇指引导内旋，摸左脚解溪穴后松垂到右胯旁，掌心向后，再向体侧平举，平肩后掌心向下、向前划平圆；同时右膝松力，向下蹲身；左掌以无名指引导向正前按出，左拇指对准右鼻孔，旋腕，虎口朝上；同时左脚向后撤，以左腿舒直为度，脚尖先着地，脚尖朝向正东，脚跟外展，左脚逐渐落平，右膝前弓，成右正步弓势；在左掌前按的同时，右掌下落至右股骨旁，掌心向下，掌指朝前；重心在右脚，意在右掌心；视线经左掌拇指向前平远看。（图1-53-2）

图1-53-1　　　　　　　图1-53-2

3. 左掌下按

动作与第十五式"倒撵猴"动作 3 相同。

4. 右掌前按

动作与第十五式"倒撵猴"动作 4 相同。

5. 右掌下按

动作与第十五式"倒撵猴"动作 5 相同。

6. 左掌前按

动作与第十五式"倒撵猴"动作 6 相同。

第五十四式　斜飞势

本式共 4 动。

1. 左掌上掤
2. 左掌下捋
3. 左脚前伸
4. 左肩下合

以上四动与第十六式"斜飞势"各动作相同。

第五十五式　提手上势

本式共 4 动。

1. 右抱七星
2. 左掌打挤
3. 右掌变钩
4. 右钩变掌

以上四动与第十七式"提手上势"各动作相同。

第五十六式　白鹤亮翅

本式共 4 动。

1. 俯身按掌
2. 左转翻掌
3. 左掌上掤
4. 两肘下垂

以上四动与第十八式"白鹤亮翅"各动作相同。

第五十七式　搂膝拗步

本式共 2 动。

1. 左掌下按
2. 右掌前按

以上 2 动与第十九式"搂膝拗步"各动作相同。

第五十八式　海底针

本式共 2 动。

1. 右掌前指

2. 右掌下指

以上 2 动与第二十式"海底针"各动作相同。

第五十九式 扇通臂

本式共 2 动。

1. 两掌前伸

2. 左掌前按

以上 2 动与第二十一式"扇通臂"各动作相同。

第六十式 撇身捶

本式共 2 动。

1. 左掌右掤

2. 右肘下采

以上 2 动与第二十二式"撇身捶"各动作相同。

第六十一式 上步搬拦捶

本式共 4 动。

1. 右拳前伸

重心由右脚移至左脚，随之沉左肩、坠左肘，左肩背后催右胯，右脚上步，脚跟虚着地，成左正步坐势；左掌覆盖于右拳眼之上，以左小指为引导，右拳向右前舒伸，沿外弧线自西北隅移至正西；同时右膝前弓，右脚落实，成右正步弓势，重心移至右脚；继之沉右肩、坠右肘，右拳自体正前微里收；同时，松腰，提左膝，左脚向前迈出，脚跟着地，成右正步坐势（意念的顺序同第二十三式"卸步搬拦捶"），重心在右脚，意在右拳面；视线自左食指尖向前平远看。（图1-61-1）

2. 右拳左搬

右拳在左掌下自体前再向左前十六分之一处外搬；此时弓左膝成左正步弓势（意念接上动"右拳前伸"的意念），重心在左脚，意在左掌心；视线由左掌食指尖外平远看。（图1-61-2）

图 1-61-1 　　　　　　图 1-61-2

3. 左掌回捋

动作与第二十三式"卸步搬拦捶"动作 3 相同。

4. 右拳前伸

动作与第二十三式"卸步搬拦捶"动作 4 相同。

第六十二式　上步揽雀尾（6）

又称"三阴三阳掌"。本式共 6 动。

1. 右拳松转

动作与第二十四式"上步揽雀尾"动作 1 相同。

2. 右拳变掌

以右列缺穴为引导，右拳向前、向右伸展，意想拇指盖、食指盖、中指盖、无名指盖、小指盖依次贴地；同时右膝前弓，右脚落平，左正步坐势变为右正步弓势；右拳渐变为掌，右掌指尖向西北，掌心向上，右掌为一阴掌，左掌仍扶右脉门处随动，掌心朝下。（图 1-62-1）

以右掌后溪穴为引导向内旋转，自右掌小指肚至拇指肚依次按地，右掌心翻转向下，右掌变为一阳掌，左掌仍扶右脉门随动，掌心翻转向上，左掌变为一阴掌。（图 1-62-2）

左腿松力屈膝，重心后移，竖腰立顶，右脚尖翘

图 1-62-1

起，成左正步坐势；随势两掌回捋到腹前，右掌在前，掌心向下，左掌在后，掌心向上，附在右前臂内侧。左膝松力，左腿舒直，右膝逐渐前弓成右正步弓势；同时，右掌翻转掌心向上前掤，高与肩平，指尖朝前上方，左掌掌心仍向上随动，附于右前臂内侧，右掌心又转朝上，为一阴掌。此时已有三阴掌。（图1-62-3）

图1-62-2 　　　　　　　图1-62-3

　　左膝松力，重心后移，右腿松力，脚尖翘起，成左正步坐势；同时左、右掌随势翻转，掌心均朝下，左、右掌同时变为阳掌，右掌在前，左掌在后，附在右前臂内侧，回采到腹前，此为二阳掌，此时已有三阳掌（图1-62-4）。继而右臂外旋上提，右掌心翻转朝里，指尖斜向上，拇指对左鼻孔，左掌指尖扶右脉门，左掌心向前，指尖向上，成右抱七星状。随后左掌打挤，左掌掌心向前推出；松腰松胯，夹脊找右脚涌泉，右脚落平，右膝前弓，左腿舒直，成右正步弓势；右臂像断了似地松落于胸前，小指与右肘横平，掌心向内，指尖向左，而左掌于右脉门处向前扣压，掌心朝外，指尖朝上，食指尖对鼻尖；重心在右脚，意在右掌心；视线从左掌食指尖上方向前平远看。

3. 右掌回捋

动作与第二十四式"上步揽雀尾"动作3相同。

图 1-62-4

4. 右掌前掤

动作与第二十四式"上步揽雀尾"动作4相同。

5. 右掌后掤

动作与第二十四式"上步揽雀尾"动作5相同。

6. 右掌前按

动作与第二十四式"上步揽雀尾"动作6相同。

第六十三式　单鞭

本式共2动。

1. 右掌变钩
2. 左掌平按

以上2动动作与第二十五式"单鞭"1、2两动相同。

第六十四式　云手 360°

本式共 6 动。

1. 左掌下将
2. 左掌平按
3. 右掌平按
4. 左掌平按
5. 右掌平按
6. 左掌平将

以上 6 动与第二十六式"云手"各动相同，只是以腰为轴所转度数为 360°，自北至北。向左转腰时，左肾上旋，右肾托之，向右转时左托右。

第六十五式　高探马

本式共 2 动。

1. 左掌反采

左掌以小指引导，向左前微舒伸，随即边后移身体重心，左掌边向后反采，掌心翻转向上，指尖向前，腕与肩平，同时右钩松开，屈臂回收，以右合谷穴贴右耳门穴；同时向左转身，右脚向左扣八分之一，脚尖朝东南，左脚跟微虚起，向回收转四分之一，脚尖向东，面朝正东，重心在右脚，意在右掌心；视线从左掌食指尖向前平远看。（图 1-65-1）

2. 右掌前掤

右掌以小指引导，向前微上伸出，以右臂舒直为度，高与肩平，掌心朝下，指尖朝左；同时提顶长腰，右腿直立；左掌收至上腹前，掌心朝上，指尖朝右；左脚收到右脚左前，脚尖着地，脚跟对右脚内踝，成丁虚步，重心在右脚，意在右掌无名指根节之后；视线从右食指尖向正前平远看。（图 1-65-2）

图 1-65-1    图 1-65-2

第六十六式 扑面掌

本式共 2 动。

1. 右掌回采

沉右肩，坠右肘，右膝微屈；右掌以小指引导滚转下落，逐渐翻转，掌心向上，手背往回采，沿下弧线移到左肋下，指尖朝左；右手背回采至掌心到左肘之下时，松左膝，左脚向大约30°的前方上步，左脚跟着地，成右正步坐势；随即左掌由右臂弯处向上托，左掌掌心斜向上，指尖向前，拇指对鼻尖；重心在右脚，意在右掌背；视线随右手回收后自左食指尖上方向前平远视。（图1-66-1）

2. 左掌前按

左掌以食指引导从右臂弯中穿出，向右前伸展，再以小指引导，掌心逐渐翻转向外（正东）、向前按出，掌指斜向上，食指遥对鼻尖，右掌回采到小指根侧贴于左肋，掌心向上，掌指朝左；同时，弓左膝成左顺步弓势，重心在左脚，意在左掌根和承山穴；视线由左掌食指尖向前平远视。（图1-66-2）

图 1-66-1 　　　　　　图 1-66-2

第六十七式　十字摆莲

又称"单摆莲"。本式共 4 动。

1. 左掌右将（双龙盘玉柱）

左掌以食指引导，向右将到正南（四分之一），掌心向外，指尖朝右（意想拇指入地小指扎天）；同时，左脚尖里扣四分之一，脚尖向南偏西，大于 90°；右掌随身动；重心在左脚，意在左掌心；视线随左掌食指尖动。（图 1-67-1）

2. 左掌右转

左掌继续向右转到右耳外侧，掌心仍朝外，右掌掌心仍向上，随体移动，沉右肘微向左伸展；同时身随左掌向右转四分之一，面朝正西，右脚尖与右胯顺正，右脚跟收回虚起，身坐于左腿，重心在左脚，意在左肘尖（少海）向南扎；视线正西平远看。（图 1-67-2）

图 1-67-1

图 1-67-2

3. 右脚上提

右膝微提，右脚以大趾为引导向左前方上提（右胯要向右后抽），高不过胯；同时，左掌以食指引导向右前方舒伸，腕与肩平，掌心向下，右掌不变；重心在左脚，意在左掌心，视线正西平远看。（图 1-67-3）

4. 右脚右摆

右脚向右上方摆动，以摆到脚尖遥对鼻尖；同时意想手比脚长，左掌以食指引导向前方（正西）舒伸，与脚相遇，击右脚面（击响），掠过右脚面外侧后左掌继续左外旋转，左腕松力，向左上走外弧收提至左耳门，指尖松垂，右掌松沉到体右侧，掌心朝左，指尖向斜下；右脚落地于右前方，脚跟着地，成左正步坐势，重心在左脚，意在左掌心；视线正西平远看。（图 1-67-4）

图 1-67-3

图 1-67-4

第六十八式　搂膝指裆捶

本式共 4 动。

1. 左掌搂膝

动作与第四十式"上步搬拦捶"动作 1 相同，方向相反。

2. 右掌前按

动作与第四十式"上步搬拦捶"动作 2 相同，方向相反。

3. 左掌上掤

重心前移，左腿直立，竖腰立顶；右臂向前舒伸，掌心向下，掌指向前，高与肩平；身随掌起，右腿松力向前提起跟步，与左脚并成自然步；微立身后沉右肩，坠右肘，腰右转，右掌向上、向后走外上弧，掌心向外；重心渐移于右脚，左脚跟虚起；左掌自左体侧随右转腰向体前上掤，掌心向右，指尖向前，高与肩平，重心在右脚，意在右掌心；两眼随右食指尖向右后平远看。（图 1-68-1）

图 1-68-1

4. 右拳指裆

随腰右后转，右掌继续向右后走外弧，到高于肩时开始自小指至拇指依次虚握，至食指钩屈时，摆头朝前；同时上左脚，脚跟落地，成右正步坐势；右拳收到右肋侧，拳心向上，拳眼向右；左膝前弓，右拳自右肋侧向前下方舒伸到左膝前，拳眼向上，左掌扶于前臂内侧，掌心向下；成左正步弓势，重心在左脚，意在左掌心；视线随右拳食指中节向正前下看。（图1-68-2）

图 1-68-2

第六十九式 上步揽雀尾（7）

又称"四阴四阳掌"。本式共6动。

1. 右拳上转

右拳向左前十六分之一处上方舒伸，翻转上起，拳心向上；左掌仍扶于右前臂内侧不变，沉左肩，坠左肘；右脚松力向前上步，脚跟虚着地，成左正步坐势，重心在左脚，意在左掌心；视线随右拳食指中节平远看。（图1-69-1）

2. 右拳变掌

以右列缺穴为引导，右拳继续向左前十六分之一处上方移动，并逐渐向右伸展，意想拇指盖至小指盖依次贴地，右拳渐变为掌，掌心向上，指尖朝西北，右掌为一阴掌，左掌扶右脉门处随动，掌心朝下；同时右脚落平，左正步坐势变为右正步弓势。（图1-69-2）

图1-69-1

图1-69-2

以右掌后溪穴为引导向内旋转，右掌自小指肚到拇指肚依次按地，右掌心翻转向下，右掌变为一阳掌，同时左掌在原位翻转，掌心向上，左掌变为一阴掌；体重后坐，重心边后移左腿，右掌边向右腹前下采（图1-69-3），而左掌则向前舒伸上掤，继而左掌内旋再变成掌心向下，向左腹前下采，左掌又成为一阳掌（图1-69-4）。到此共出现过二阴掌、二阳掌。此时重心移左脚，右脚跟虚起，成左正步坐势。

继续收腹松腰，左腿松力屈膝，重心完全集于左脚，右脚尖翘起，成左正步坐势；两掌回采到腹前，沉肩坠肘松腕，两掌向外翻转，掌心均向上，变为二阴掌；随即左腿舒伸，右膝前弓；两掌向前向上舒伸，高与肩平，右掌在前，左掌附在右

第一章 八十三式太极拳授课实录

臂弯内侧,两掌相对位置不变;此时由左正步坐势逐渐变成右正步弓势。此时已出现过四阴掌。(图1-69-5)

继而左膝松力,重心再次后移,右腿松力,脚尖翘起,成左正步坐势;同时左、右掌随势翻转,掌心朝下,向腹前回采,两掌变为二阳掌,相对位置不变,右掌在前,左掌在右臂弯内侧。此时已出现过四阳掌。(图1-69-6)

图 1-69-3

图 1-69-4

图 1-69-5

图 1-69-6

右掌采到腹前外旋上提，右掌心翻转朝里，指尖斜向上，拇指对准左鼻孔，左掌回采到腹前，轻扶右脉门，掌心向前，指尖向上，成右抱七星状；随后左掌打挤，掌心向前推出；松腰松胯、夹脊穴找右脚涌泉穴，脊背后倚，右脚落平，右膝前弓，左腿舒直成右正步弓势；同时右臂像断了似的横落于胸前，小指与右肘横平，掌心向内，指尖向左，微内旋，而左掌于右脉门处向前微扣压（称推切掌），掌心朝外，指尖朝上，食指尖对鼻尖；重心在右脚，意在右掌心；视线从左掌食指尖上方向前平远看。

3. 右掌回捋

动作与第二十四式"上步揽雀尾"动作3相同。

4. 右掌前掤

动作与第二十四式"上步揽雀尾"动作4相同。

5. 右掌后掤

动作与第二十四式"上步揽雀尾"动作5相同。

6. 右掌前按

动作与第二十四式"上步揽雀尾"动作6相同。

第七十式　单鞭

本式共2动。

1. 右掌变钩
2. 左掌平按

以上 2 动与第二十五式"单鞭"1、2 两动相同。

第七十一式　下势

本式共 2 动。

1. 右掌下捋
2. 两掌回捋

以上 2 动与第五十一式"下势"1、2 两动相同。

第七十二式　上步七星

本式共 2 动。

1. 右掌前掤

动作与第五十二式"金鸡独立"动作 1 相同。但右掌为立掌，不是向外掖掌，掌心向左而不向外。

2. 两掌上掤

左掌以食指引导上提，以合谷穴找右耳门穴，掌心向右，指尖向上，右掌以食指引导往前上舒伸，同时左掌随之向胸前松落，使两腕交叉，右掌在外，掌心向左，左掌在内，掌心向右，两腕与肩平；同时，立腰，松右膝，右脚向正前方迈出，脚跟着地，成左正步坐势（左掌到位后，左鼻孔吸气，把右掌、右脚同时吸到位）。右脚上步动作称"鸡蹬步"，重心在左脚，意在左掌心；视线先随右掌食指，两腕交叉后由两掌中间向正前平远看。（图1-72）

图1-72

第七十三式　退步跨虎

本式共2动。

1. 两掌前伸

两腕松力，两掌分开（外缘与肩同宽）向前舒伸，掌心均朝下（双掌白蛇吐信，袭对方双目）；同时松腰松胯，沉肩坠肘，右脚回收直往后撤到极度，脚尖着地，重心仍在左脚，意在左掌心；视线由两掌中间向前平远看。（图1-73-1）

2. 两掌回将

两掌外旋，掌心相对并虚合，向左下回将到左小腿外侧（申脉）；同时，右脚以前脚掌为轴，脚跟向北（内）扣转四分之一使脚尖朝南，右脚落实，右腿屈膝，身向后坐，重心移至右脚，同时左腿伸直，左脚尖翘起，继之，竖腰立顶，由左正步弓势变为右正步坐势（图 1-73-2）。然后身随步转，面朝正南；同时，右掌松腕内旋，自左腿外侧经胸前上提，使右掌合谷穴贴右耳门穴，掌心斜朝左下，指尖向前下（图 1-73-3）；随竖腰立顶、右转腰，左掌五指并拢变钩，自左小腿外侧（申脉）向内翻转，掌心向后，伸到极度，钩尖向下，继之右掌以无名指引导向前（正南）舒伸，高与肩平，掌心朝左，拇指遥对鼻尖，拇指尖向上扎天，小指向下入地，其余三指并拢前指，同时左钩手再外旋，钩尖向前，掌心朝上；翘起的左脚尖里扣（朝南），左脚松力，提起到右脚内前侧，脚尖虚着地，

图 1-73-1　　　　　　图 1-73-2

成丁虚步。重心在右脚,意在右掌心;视线先随右掌食指尖转朝正前(南),再摆头向东(左)平远看(前掌后钩占前后一线;右掌拇指、小指占上下一线;视线占左右一线;三向线占全,则产生极大内力)。(图 1-73-4)

图 1-73-3

图 1-73-4

第七十四式　回身扑面掌

本式共 2 动。

1. 右掌回捋

右掌掌心翻转向下,腕与肩平,以食指引导向右转四分之一(正西);身随掌转,面朝正西,同时,右脚跟微里收,左脚跟微外展,脚尖虚着地;左手钩随动不变,左臂弯微松屈;重心仍在右脚,意在右掌掌心;视线随右掌食指尖平远看。(图 1-74-1)

2. 左掌前按

左臂弯继续松力，左钩渐变为掌，掌心向上，左掌以食指引导经左肋、贴胸前，向右上方斜伸到右臂弯，同时右掌掌心渐转向上，以右中指的中冲穴找左腹侧的气冲穴，左掌继续向前伸长；同时松提左膝，左脚向右脚左前侧上步（左膝内侧挨近右膝），脚跟着地，成右正步坐势（图 1-74-2），弓左膝收右脚跟，成左顺步弓势；同时左掌向前按出，掌心向前，指尖向上，左掌食指尖遥对鼻尖；右腿按根、中、梢的顺序蹬、蹬、蹬，左臂按根、中、梢的顺序松、松、松；右掌回收到左肋前，掌心向上，指尖朝左；重心在左脚，意在左掌心；视线随左食指尖动。（图 1-74-3）

图 1-74-1

图 1-74-2

图 1-74-3

第七十五式　转身双摆莲

本式共 4 动。

1. 左掌右将

重心在左脚，沉左肩坠左肘，松腰收腹，腰向右转，面朝北，同时以左脚跟为轴，左脚掌向右扣转四分之一，脚尖朝北偏东，右脚跟微虚起内收，脚尖朝西偏北，脚掌着地，与左脚成丁虚步；左掌以食指引导，随右转腰向右将（圆转），掌心朝外，小指扎天，拇指入地，其余三指向右，使左外劳宫穴找右耳门穴，右掌随动，仍在左肋旁，掌心斜向上，指尖斜朝下；重心在左脚，意在左掌心；视线自左掌食指尖向右后平远看。（图 1-75-1）

图 1-75-1

2. 右掌上掤

右后转腰，右掌随腰右转，以食指为引导，自左肋下经左臂下缘循外弧线向右上斜掤到正北偏东，掌心朝上，指尖斜向北偏东，随腰继续右后转，沉左肩坠左肘，向下松腰坐胯；同时右手向上舒伸（称抽身长手），右掌走上弧线向上、向右掤至头右侧上方,掌心朝西,指尖向上,左掌随动到右臂弯处,掌心向东,指尖朝右;同时,右脚跟继继内收,脚尖着地,朝向东北,两腿的两阴陵泉穴相贴,成一字步,身体面向正东;随即右掌心转朝东,指尖自上向体右侧松落,高与肩平,掌心朝东,指尖向右(这叫"放铡刀"),左掌随之落到右臂弯内侧下方,掌心转向西,指尖朝右;重心在左脚,意在左掌心;视线自右掌拇指尖向右平远视。(图1-75-2)

3. 右脚上提

收腹,腰微左转,沉左肩,松右胯,右膝松力微提,右脚以大趾为引导向左前上方提起(右胯向后抽),高不过胯;同时,左掌以食指引导,向右前下方舒直,高与胯平,掌心向里;重心在左脚,意在左掌心;视线向前平远看。(图1-75-3)

图 1-75-2   图 1-75-3

4. 右脚左摆

腰微左转，蓄劲后向右转腰，右脚自左前向右上方摆动，高与鼻尖相对；同时，两掌微右移，再随左转腰向前向左摆动（意想手比脚长），先后两次拍击右脚脚面外侧；两掌与右脚相掠后，左腿微屈下蹲，右腿向东南隅松落，脚跟着地，脚尖朝东，成左隅步坐势；同时，随左转腰，两掌向左后方（西北隅）舒伸，左掌在前，腕与肩平，右掌在后，附于左臂弯，两掌心均朝下；重心在左脚，意在左掌心；视线自左掌食指尖向西北隅平远看。（图1-75-4）

图 1-75-4

第七十六式 弯弓射虎

本式共4动。

1. 两掌回捋

两掌向体右前下方回捋，捋按到左膝前时，右脚落平，脚尖朝东（左脚尖亦朝东）；继续向右捋（如捞稻草），右掌捋到右环跳时，两掌变拳，两肘松力，提腕坐腕，两拳上提，右拳位于右耳外侧，拳眼向下，左拳位于右胸前，拳眼向上，两拳眼上下相对，右拳在上，左拳在下，相距约一肩宽；此时弓右膝，成右隅步弓势，身随拳转，面向正南，重心在右脚，意在

右拳；视线先随左掌食指，到正前时随右掌食指，变拳后随右拳食指根节动。（图1-76-1）

2. 两拳俱发

右拳从右耳之上，沿上弧形线向左前方八分之一（东北）发出，高与头维穴平，拳眼斜向下，左拳随动，亦向左前发出，高与胸平，拳眼向上，两拳拳眼相对；同时意想右肘与左膝合，右肩与左胯合，左肘与右膝相合，左肘对正右膝，接近垂直，左前臂成水平，拳面向左前方；重心仍在右脚，意在右拳面；视线从右拳食指根节向左前远方看。（图1-76-2）

图1-76-1 　　　　　　　图1-76-2

3. 两掌回捋

右肘松沉，两拳渐变为掌，指尖斜向上，掌心朝外，向右后上方（西南）做弧形移动，立身松腰，两掌伸到极度时，右掌与肩平，左掌在右肋前，两掌心皆朝下；松左膝，左脚向左前八分之一处（东北）伸出，脚跟着地，成右隅步坐势；然后两掌向体前右前下方捋按，到右膝前时，左脚落平，脚尖朝东；两掌继续向右捋（如捞稻草），左掌捋到右环跳时，两掌变拳；两肘松力，提腕坐腕。两拳上提，左拳提到左耳外侧，拳眼向下；右拳位于左胸前，拳眼向上；两拳眼上下相对，左拳在上，右拳在下，两拳距离与肩同宽；身随拳转，面向正东；弓右膝，成右隅步弓势，重心在右脚，意在右拳，视线先随右掌食指尖，到正前方时随左掌食指尖，变拳后随左拳食指根节动。（图1-76-3）

4. 两拳俱发

动作与本式动作2相同，唯左右肢互换。方向东南。本式两拳俱发的方向为东北。（图1-76-4）

图1-76-3    图1-76-4

第七十七式　上步错捶

本式共 2 动。

1. 左拳翻转

左拳拳心渐翻向上（想合谷旋转），掩左肘，左臂微前伸，到正前为止，拳与肩平，右拳随之拳心渐转向下，附在左臂弯内侧下方；身随拳转，腰右转，体朝正前，重心仍在左脚，仍为左隅步弓势，意在左拳；视线随左拳食指中节，拳到正前时，从左拳拇指向前平远看。（图 1-77-1）

图 1-77-1

2. 右拳前伸

沉左肩，坠左肘，腰微左转，松右膝，右脚向右前上步，脚跟着地，成左正步坐势；同时，右拳自左臂弯内侧下方移到左臂弯之上，向前舒伸，左拳微回收，两拳相错，拳心相对，令右拳之指甲心伸到左拳之指甲根处为度；同时，右脚落平，右膝前弓，重心移至右脚，成为右正步弓势，意在右拳；视线由右拳食指末节平远看。（图 1-77-2）

图 1-77-2

第七十八式　揽雀尾（8）

又称"五阳错捶"。本式共6动。

1. 进步压肘

重心在右脚，意在右拳，沉左肩、坠左肘，重心微左移，左膝微屈，左肩背后催右胯，左肘背后催右膝，右膝松力，提右脚，走外弧，右脚跟落于左脚的正前（正东）方，扣脚落步，套索对方双腿，左脚跟里收，两脚脚尖均朝北，成马步，身随步转，面向正东，右脚上步的同时两拳相对错转，两拳相合，右拳在上，拳心朝下，拳眼朝里，左拳在下，拳心向上，拳眼朝外，向正东压右肘，以肘平为度；重心偏右脚，意在右肘尖；视线随右肘而动。（图1-78）

第一章 八十三式太极拳授课实录

图 1-78

2. 左掌打挤

右转腰，重心右移，松左腿，以左脚跟为轴，向右（正东）扣左脚，脚尖朝东，重心再移于左脚，沉左肩、坠左肘，右脚跟虚起里收，向右（南）横开步，脚跟着地，右脚尖翘起成左正步坐势，身随步转，面朝正东；两拳随腰右转渐变为掌，右掌在上，掌心朝下，指尖向左，左掌在下，掌心向上，指尖向右，两掌左右相错，两腕大陵穴上下相合，再以大陵穴为轴，两掌相对外旋错转，变为左掌在上，掌心朝外，指尖向上，抚于右脉门，右掌在下，掌心朝内，指尖斜向上，右掌拇指遥对左鼻孔，成右抱七星状。

右膝前弓，右脚落平，左腿舒直，成右正步弓势，重心在右脚，方向正东；随右膝前弓，右腕像断了似地自动横落于胸前，右掌心向内，指尖向左，左掌抚于右脉门，向正前打挤，左掌食指遥对右鼻孔，挤时右前臂微内旋，左掌微向前下扣

157

（称推切掌），掌根透过右脉门；意想夹脊合右涌泉，脊背后倚，意在右掌腕；视线随左掌食指尖向前平远视。

3. 右掌回捋

4. 右掌前掤

5. 右掌后掤

6. 右掌前按

以上4动动作与第二十四式"上步揽雀尾"动作3、4、5、6相同，唯方向相反。

第七十九式　单鞭

本式共2动。

1. 右掌变钩

2. 左掌平按

以上2动与第二十五式"单鞭"动作1、2相同，唯方向为正北。

第八十式　上步错掌

本式共2动。

1. 左掌左伸

左掌松腕，微向左舒伸，中指与拇指一合，再向右舒伸，形成右钩腕打；重心右移，成右侧弓步，然后左转腰，以左脚跟为轴，脚尖外摆；掌随腰动，左掌向左后微移，左掌指向前,掌心向下;弓左膝,重心渐移左脚;左掌边前伸边翻掌心朝上,同时右钩渐变掌,沉右肘屈右臂,右掌合谷穴贴右耳门穴,以食指引导,右掌沿胸前向左舒伸至左臂弯内侧下方,指尖向前,掌心朝下;重心集于左脚,右腿松力,右脚跟虚起外展,脚尖着地,成左正步弓势,身随掌转,面朝正西,重心在左脚,意在左掌心;视线随左掌食指尖向前平远看。(图1-80-1)

2. 右掌前伸

沉左肩,坠左肘,松右膝,右脚向前上步,脚跟着地,成左正步坐势;同时,右掌自左臂弯内侧移至左臂弯之上,向前舒伸,右掌中指中冲穴找左腕大陵穴,再继续前伸,右腕大陵穴达左掌中指中冲穴,两掌相错,右掌在上,掌心向下,指尖朝前,左掌在下,掌心向上,指尖朝前;同时右脚落实,右膝前弓,成右正步弓势,重心在右脚,意在右掌心。视线随右掌食指尖动。(图1-80-2)

图1-80-1

图1-80-2

第八十一式 揽雀尾（9）

又称"五阴错掌"。本式共 6 动。

1. 进步压肘

重心在右脚，意在右掌心，沉左肩坠左肘，重心微左移，左膝微屈，左肩背后催右胯，左肘背后催右膝，右膝松力，提右脚，走外弧，右脚跟落于左脚的正前（正西）方，脚跟着地，扣脚落步，套索对方双腿，左脚跟里收，两脚尖均朝西南，成马步，身随步转，面向正南；右脚上步的同时，两掌相对错转，掌心相合，右掌在上，掌心向下，指尖朝左，左掌在下，掌心向上，指尖朝右，向正西压右肘，以肘平为度；重心偏右脚，意在右肘尖；视线随右肘而动。（图 1-81）

图 1-81

2. 左掌打挤

右转腰，重心右移，松左腿，以左脚跟为轴向右（正西）扣脚，脚尖朝西；重心再移于左脚，沉左肩、坠左肘，右脚跟虚起内收，再向右（北）横开步，脚跟着地，成左正步坐势，同时身随步转，面朝正西；两掌随右转腰左右相对错掌，使两腕大陵穴上下相合，再以大陵穴为轴，两掌相对外旋错转，变为左掌在上，掌心朝外，指尖向上，抚右脉门，右掌在下，掌心朝内，指尖斜向上，右掌拇指遥对左鼻孔，成右抱七星状。

右膝前弓，右脚落平，左腿舒直，成右正步弓势，重心在右脚，方向正西；随右膝前弓，右腕像断了似地自动横落于胸前，右掌心向内，指尖朝左，左掌抚于右脉门向正前打挤，左掌食指遥对右鼻孔；挤时右前臂微内旋，左掌微向前下扣（称推切掌），掌根透过右脉门；意想夹脊找涌泉，脊背后倚，意在右掌腕；视线随左掌食指尖向前平远视。

3. 右掌回捋

4. 右掌前掤

5. 右掌后掤

6. 右掌前按

以上 4 动动作与第二十四式"上步揽雀尾"动作 3、4、5、6 相同。

第八十二式　单鞭

本式共 2 动。

1. 左掌变钩

与第二十五式"单鞭"动作 1 相同。

2. 左掌平按

与第二十五式"单鞭"动作 2 相同。

第八十三式　合太极

本式共 6 动。

1. 右钩变掌

左腕放松，左掌向左伸长，掌心朝下，指尖伸展，右钩松腕变掌，掌心向下，指尖向右伸；同时，重心渐移右脚，左脚跟虚起，意在右掌心；视线先随左食指尖动，再由平远处转向右掌食指尖。（图 1-83-1）

图 1-83-1

2. 两掌上掤

沉肩坠肘，右掌以拇指引导，意想拇指、食指、中指肚托天，掌心渐向右上方翻转；转到掌心朝上时，身随掌起，左脚收到右脚旁，脚内缘约距 10 厘米；同时左掌虚随，与右掌成相同动作，两掌上掤到正前方腕部交叉，左掌在外，掌心向右，右掌在内，掌心向左，指尖均向上；重心集于右脚，意在两掌指尖（两食指尖顶着两个旋转球）；视线由交叉两掌中间向前上平远看。（图 1-83-2）

3. 两肘下垂

松踝、提膝、松腰、沉胯，向下蹲身，松肩、坠肘，两肘向下松垂，两臂左右交叉成斜十字，横于胸前，以两腕高与肩平为度；重心在两脚，意在两掌指尖；两眼由交叉两掌的中间向前平远看。（图 1-83-3）

图 1-83-2 　　　　　　　　图 1-83-3

4. 两侧顶肘

两肘同时松力，向左、右平分两掌，掌心渐翻转向下，想两合谷穴分别找两侧肩井穴，两掌亦随之渐分渐落，使之与肩平；重心不变，意在两掌合谷；视线自左肘尖平远看。（图 1-83-4）

5. 两掌合下

松两肩，沉两肘，两掌随之下落，当落到胸前时，使两掌中指尖相接触，继之食指尖相接触，最后拇指尖相接触；两眼从两环中间下视，似从一半透明的球体中透视下方，然后使两环下落扣于神阙穴上（称三环套月），当略低头下视半透明的

球体时，则上开玉枕关。（图 1-83-5）

6. 太极还原

两脚踝松力、提膝、头顶悬、竖腰立身；两掌分别落于股骨两侧，掌心向下，十指向前，下按空气，由反作用使身体自然立起；两眼离开食指尖向正前平视；继之两肩松力（如灰皮脱落），两肘松力，两手腕松力，想象手指甲由拇指至小指依次脱落；调息三次，一呼一吸为一次调息（拳式呼吸），吸气时，肚脐回贴命门，内气从照海穴经阴跷脉到会阴，再到丹田，呼气时，命门催开肚脐，内气从丹田到会阴，再到环跳，由阳跷脉到解溪穴，气收解溪穴。收势。（图 1-83-6）

图 1-83-4

图 1-83-5

图 1-83-6

第二章 三十七式太极拳授课实录

王培生 传
赵琴 讲授

第一节　三十七式太极拳动作名称

预备式

第一式　起势

1. 左脚横移　　2. 两足落平　　3. 两腕前掤　　4. 两掌下采

第二式　揽雀尾

1. 左抱七星　　2. 右掌打挤　　3. 右抱七星　　4. 左掌打挤
5. 右掌回捋　　6. 右掌前掤　　7. 右掌后掤　　8. 右掌前按

第三式　搂膝拗步

1. 左掌下按　　2. 右掌前按　　3. 右掌下按　　4. 左掌前按
5. 左掌下按　　6. 右掌前按

第四式　手挥琵琶

1. 右掌回捋　　2. 左掌上掤　　3. 左掌平按　　4. 左掌上掤

第五式　野马分鬃

1. 左掌下采　　2. 左肩左靠　　3. 右掌回捋　　4. 右肩右靠

第六式　玉女穿梭

1. 右掌翻转　　2. 左掌斜掤　　3. 左掌反采　　4. 右掌前按

5. 左掌右转　　6. 右掌斜掤　　7. 右掌反采　　8. 左掌前按
9. 两掌内合　　10. 右掌下采　　11. 右脚横移　　12. 右肩右靠
13. 右掌翻转　　14. 左掌斜掤　　15. 左掌反采　　16. 右掌前按
17. 左掌右转　　18. 右掌斜掤　　19. 左掌反采　　20. 左掌前按

第七式　肘底看捶

1. 上步按掌　　2. 左拳上提

第八式　金鸡独立

1. 双掌滚转　　2. 右掌上掤　　3. 双掌滚转　　4. 左掌上掤

第九式　倒撵猴

1. 右掌反按　　2. 左掌前按　　3. 左掌下按　　4. 右掌前按
5. 右掌下按　　6. 左掌前按　　7. 左掌下按　　8. 右掌前按
9. 右掌下按　　10. 左掌前按

第十式　斜飞势

1. 左掌斜掤　　2. 左掌下捋　　3. 左脚前伸　　4. 左肩左靠

第十一式　提手上势

1. 半面右转　　2. 左掌打挤　　3. 右掌变钩　　4. 右钩变掌

第十二式　白鹤亮翅

1. 俯身按掌　　2. 向左扭转　　3. 左掌上掤　　4. 两肘下垂

第十三式　海底针

1. 左掌下按　　2. 右掌前按　　3. 右掌前指　　4. 右掌下指

第十四式　扇通背（臂）

1. 两臂前伸　2. 左掌前按

第十五式　左右分脚

1. 两掌虚合　2. 两掌右伸（左探马掌）　3. 右掌回捋
4. 两掌交叉　5. 两掌高举　6. 两掌平分　7. 两掌虚合
8. 两掌左伸（右探马掌）　9. 左掌回捋　10. 两掌交叉
11. 两掌高举　12. 两掌平分

第十六式　转身蹬脚

1. 两拳交叉　2. 提膝转身　3. 两掌高举　4. 两臂平分

第十七式　进步栽捶

1. 左掌下按　2. 右掌前按　3. 右掌下按　4. 左掌前按
5. 左掌前按　6. 右拳下栽

第十八式　翻身撇身捶

1. 右拳上提　2. 右肘下采

第十九式　二起脚

1. 翻掌出步　2. 两掌右伸　3. 右掌回捋　4. 两掌交叉
5. 两掌高举　6. 两掌平分

第二十式　左右打虎势

1. 两掌合下　2. 两拳并举　3. 两掌回捋　4. 两拳并举

第二章　三十七式太极拳授课实录

第二十一式　双风贯耳

1. 两拳高举　2. 两掌平分　3. 两掌下采　4. 两拳相对

第二十二式　披身踢脚

1. 两拳右转　2. 两拳交叉　3. 两拳高举　4. 两掌平分

第二十三式　回身蹬脚

1. 左脚右转　2. 两拳交叉　3. 两拳高举　4. 两掌平分

第二十四式　扑面掌

1. 左掌滚压　2. 右掌前按　3. 右掌下按　4. 左掌前按

第二十五式　十字腿（单摆莲）

1. 左掌右转　2. 左掌继续右转　3. 右脚上提　4. 右脚右摆

第二十六式　搂膝指裆捶

1. 右掌下按　2. 左掌前按　3. 左掌下按　4. 右拳前下指

第二十七式　正单鞭

1. 翻拳上步　2. 右掌前掤　3. 右掌后掤　4. 右掌前按
5. 右手变钩　6. 左掌平捋

第二十八式　云手

1. 左掌下捋　2. 左掌平按　3. 右掌平按　4. 左掌平按
5. 按掌变钩　6. 左掌平按

第二十九式　下势

1. 右掌前掤　　2. 两掌回捋

第三十式　上步七星（上步骑鲸）

1. 右掌前掤　　2. 两掌上掤

第三十一式　退步跨虎

1. 两掌前掤　　2. 两掌回捋

第三十二式　回身扑面掌

1. 右掌回捋　　2. 左掌前按

第三十三式　转身摆莲（双摆莲）

1. 左掌右转　　2. 双掌沉采　　3. 右脚提起　　4. 右脚右摆

第三十四式　弯弓射虎

1. 两掌右摆　　2. 两拳俱发　　3. 两掌左摆　　4. 两拳俱发

第三十五式　卸步搬拦捶

1. 退步右搬（错捶）　　2. 退步左搬　　3. 右掌右拦
4. 右拳平冲

第三十六式　如封似闭

1. 两掌分搁　　2. 两掌前按

第三十七式　抱虎归山（十字手　收势）

1. 两掌下按　　2. 两掌横分　　3. 两掌上掤　　4. 两肘沉采
5. 两肘平分　　6. 太极还原

第二节　三十七式太极拳动作分解

　　吴式太极拳 37 式是王培生先生于 1953 年在吴式太极拳 83 式的基础上改编的。它不是简化太极拳，而是去掉 83 式中重复动作，由 83 式浓缩而成。经过至今半个世纪的实践，教与学的效果都非常好。37 式太极拳是学练吴式太极拳的必修课，特别是王培生先生门下均必须学练 37 式。

　　吴式拳是在杨式拳的基础上发展起来的。最早是正白旗吴福氏老先生全佑，后传给他的儿子吴鉴泉先生和徒弟王茂斋先生（吴氏第二代），人称南吴北王，第三代是杨禹廷先生。

　　吴式拳是长寿拳。杨禹廷先生活到 96 岁，吴鉴泉先生的女儿吴英华先生活到 92 岁，马岳樑先生活到 99 岁，吴图南先生活到 104 岁。王宗岳《太极拳论》中说："欲天下众英豪益寿延年，不徒作技艺之末耳。"即是说，练拳是为健康长寿，技击是第二位的。太极拳老少皆宜，练拳求健康，提高生活质量。

　　太极拳 37 式共 37 个式子、178 动。练拳之前要做预备式（不在 37 式中），准备什么呢？日常生活中有清醒态和睡眠态，练功有第三种状态称为行功态（气功态），既非清醒也非睡眠，预备式就要达到这种气功态。这种状态用松、静二字概括。

松：指形体松，全身肌肉、韧带、关节都要放松；静：思想上要静，无杂念，完全进入练功状态后，一心一意练拳，其他信息不能进入头脑中，对外界事与人视而不见，听而不闻。如何达到松静，手段有三调：调形、调息、调神。

欲要三调，先安排好身形，为此做到以下五点：

（1）面南而立。太极图是"易经"的图像，符号是八卦。"易经"是天人之学，仰观天文，俯查地理，中通人间万物。它是研究大自然规律的。天是大自然，人与大自然密切相关，人离开大自然不能生存。大自然有变（如四季变化），有不变（如每年均有四季）。人必须适应大自然，人要适变、应变。顺乎后天自然，求先天自然。面南而立就是要人与宇宙、与大自然说话。人的后背督脉，属阳（从会阴—尾闾—长强—大椎—百会—人中—龈交），人的前面是任脉，属阴（承浆—天突—上、中、下脘—神阙—气海—会阴）。大自然的北为"坎中满"属阳，南为"离中虚"属阴，根据同性相斥异性相吸的原理，练拳是练气。面南而立，则我们练的气场不被宇宙气场吸走，人感到舒服，心旷神怡，如面北而立，则感到别扭、不舒服。练拳要练明白拳，明阴阳哲理，要知其然也要知其所以然。

（2）两眼向前平远视，神意内敛。不接受外界事物干扰，面前有人似无人。

（3）搭鹊桥。将任、督二脉接上，舌顶上腭，此为大小周天通的先决条件。

（4）两臂自然下垂，中指轻贴于风市穴。能治风湿等病，不强调治病，有辅助作用。

（5）两脚平行。相距5~10厘米或曰一拳宽，两脚平行，两肾俞相合，腰呈圆柱形，否则腰是扁的。吴式拳是川字步，

两脚平行。

以上从头到脚安排好，下面做预备式。

预备式

(1) 调形：全身放松，全身节节贯穿，对拉拔长，全身关节拔开有间隙，关节放松能发挥出身体潜力（攻防均要松）。如何松？全凭心意下功夫。想皮与肌肉分离、肌肉与骨分离，感到全身有膨胀感。节节贯穿，对拉拔长，上肢、两手十指梢节、中节、根节顺序扎地，前臂不动，腕关节往下拔，上臂不动，肘关节往下拔，最后肩关节往地下拔，两足大趾往前顶，踝关节往上拔，膝关节往上拔，胯往上拔。人体腰椎五节、胸椎十二节、颈椎七节。腰椎、胸椎均想逆时针向上旋转拔开，但颈椎不能这样，要想下颌缓缓回收。

(2) 调息：一吸一呼谓之息，我们要的是拳式（逆式）呼吸。吸气时肚脐回收贴命门，大椎骨节节起来。呼气时命门催开肚脐，大椎骨节节落下来。外气是鼻孔呼吸，内气从丹田到会阴再到环跳到阳跷脉到大足趾入地植根。共调息三次。

(3) 调神：要求无杂念、心静，什么都不想，做到这样是很不容易的。可以专心致志想一个点，专心练拳。调神是在调形、调息之间完成的。一念破万念，意守破杂念。（图 2-0-1）

图 2-0-1

在调形、调息、调神后，使其达到松静，达到松空圆活的妙趣。如李道子所说："无形无象，全身透空。"

第一式　起势

本式共 4 动。

1. 左脚横移

身体重心右移，才能抬起左脚。这时走太极圆的运动，以尾闾为圆心定位，鼻尖与尾闾间距为半径向右走一弧线，是为"右盼"，走一上螺旋线。鼻尖对右足大趾大敦穴，此时右脚掌实左脚跟虚，是半个太极。再以鼻尖为圆心定位尾闾走一弧线，使之对正右足跟（实际是照海穴），是为"左顾"，走一下螺旋线。这时右脚实（阴）左脚虚（阳），符合阴阳哲理，左脚可以移了。太极的特点是动哪不想哪，否则即患双重，欲想左脚横移，就想沉右肩坠右肘，想右手扎地入地三尺；此时眼往前远方放，头顶天，右脚入地，左脚自然向左横移，左脚大趾着地不着力。做此动作时，上下、前后、左右全占到了，也就是占到了三维空间。（图 2-1-1—图 2-1-3）

图 2-1-1

图 2-1-2

图 2-1-3

2. 两足落平

左脚要落实，想右手扎入右申脉外 10 厘米处，依次想右手 5、4、3、2、1 指对应左脚 1、2、3、4、5 趾依次落地，想右手掌心、左脚心落地，想右掌根、脚跟落地。此时深呼吸一口气，非常舒服。此动作体现了身体结构方面的交互神经和太极的上下相随。（图 2-1-4）

图 2-1-4

【用法】推右肩不想右肩，想左胯与右肩合。反之推左肩，想右胯与左肩合。同时意想头顶天，脚入地，这叫"竖破横"，即可岿然不动，对方反被弹出。

3. 两腕前掤

想两手食指如钻头内旋扎地，食指为轴，四指为轮，两臂随之内旋，两掌心转向北，五指微拢回够大陵穴，突出阳池穴，两手向前、向上掤起，比肩略高，低于耳垂。（图 2-1-5）

【用法】对方攥我两腕，我丢面打点。当我五指微拢回够大陵穴时，突阳池填满对方手心，接触对方劳宫

图 2-1-5

（为阴），意在对方脚踝申脉（为阳），眼神透过对方看远处一点，即"超其象外，得其寰中"，对方即被掤起。（图2-1-6、图2-1-7）

图 2-1-6

图 2-1-7

4. 两掌下采

想外劳宫穴穿透内劳宫穴，由十宣穴引伸，两掌向前下方伸展到与肚脐等高时，由中冲穴抽到少海穴（即肘尖），想两肘尖水平贴地向后拉（意肘不离地），两掌沉采至股骨两侧，同时两腿屈蹲、提膝、松胯、松腰、沉肩、坠肘。（图2-1-8）

图 2-1-8

【用法】对方攥我手腕，我用少海穴贴地往后拉，即"击

其首，则尾应之"，对方即被采向前栽。（图 2-1-9、图 2-1-10）

图 2-1-9 　　　　　　　　　　图 2-1-10

第二式　揽雀尾

本式共 8 动。

古谚曰："怯敌者必败，轻敌者必败。"这话适用于两军交锋，也适用于个人的技击。如何解决怯敌与轻敌的两种心态？太极拳"揽雀尾"一式，命名释义就解决了这个问题。把对方击来之手比喻为鸟雀之尾来看待，既不怯敌也不轻敌，把自己的手比喻为绳索之柔，用之旋转，随对方手臂的屈伸、上下、左右的动向而缠绕，即粘连黏随，不使其逃脱，变被动为主动。

1. 左抱七星（掤手）

所谓七星，即头、肩、肘、手、胯、膝、足七个活关节，

第二章　三十七式太极拳授课实录

其位置恰似北斗七星之状。上式结束时为马步,重心在两脚(未分阴阳),当左臂呈弧线上掤时,意想右腕上提,左踝沉重;右肘上提,左膝沉重;右肩上提,左胯沉重(形未动),这时左脚已为阴了,左臂即为阳(交互神经)。这时意想外三合,会阴穴自然向右移动,左臂前上掤起,同时以左手拇指为轴、四指为轮阳掌逐渐转为阴掌(掌心向内),左手拇指肚对正右鼻孔,异性相吸把右掌(阳掌)吸了上来,右手中指中冲穴抚于左臂弯曲池穴,拇指遥对膻中,两拇指前后呼应;这时重心已到右脚(为阴),则右臂为阳,意念转到右臂,沉右曲池穴,沉右肩,右肩向右后上方有靠意;右肩催左胯,左脚自然向前伸出,脚尖翘起回够鼻尖,脚跟着地不着力,身形呈右坐步;眼神从左手拇指上方平远视,感觉右掌心与左脚心轻微蠕动,左腿发热发胀。(图2-2-1)

图 2-2-1

【用法】对方击来右拳,我则以左前臂粘其右肘,同时左腕微内旋,对方即被掤起,同时以右腕粘其左腕,使其右臂僵不能弯曲,处于败势。(图2-2-2、图2-2-3)

图 2-2-2　　　　　　　　　图 2-2-3

2. 右掌打挤

意想松右肩、坠右肘，右肘催左膝，左膝弓；右掌移至左掌脉门处相贴，这时松左掌小指，左腕像断了一样自动横落于胸前，左掌掌心向后，指尖向右，同时食指为轴，四指为轮，左腕微后旋，右掌心向前，贴于左手脉门，指尖朝天，右手同时按向左脚；与此同时左脚落平，左膝前弓，膝尖垂直于左脚大趾大敦穴，右腿在后蹬直，形成左弓箭步，重心在左脚；意想夹脊穴与左涌泉穴相合，实际涌泉穴有腾起向上与夹脊穴相合之意，背脊有微向后倚之意。（图2-2-4）

图 2-2-4

【用法】接上动。对方被掤起时,其根已断、气已散,用挤劲(推切手)发之,发力点在右小腿承山穴,眼神平远视,对方随之仰跌。(图 2-2-5、图 2-2-6)

图 2-2-5

图 2-2-6

3. 右抱七星

右掌掌根沿左掌拇指向右前上方移至指尖处;视线从正南

远观八方线，到西南，到正西，右手追眼神；同时左脚脚跟为轴，脚尖微翘起扣向正西，这时重心在左脚，扣左脚困难，窍门是尽力收小腹，则左脚会顺利扣向正西；右掌以拇指为轴，向前渐伸渐转至正西，掌心翻转朝内变为阴掌，拇指遥对鼻尖，调整右脚，右脚跟虚着地，脚尖翘起，呈左坐步式；左掌随右掌翻转往下，左拇指抚于右臂曲池穴。要领与左抱七星同。此动是以手追眼神而出掤劲。是神打，而非意打。（图2-2-7）

图 2-2-7

右抱七星的另一种练法：

重心在左脚；左掌心沿右前臂到肘尖，意想左掌往右脚心里塞，想托起右脚，同时左脚以脚跟为轴，脚尖扣向正西，身随步转，亦转向正西；这时左合谷穴找右曲池穴，左掌心翻转向下；同时右脚以脚尖为轴，脚跟一收，右脚尖也朝向正西；左肘找右膝，合后即开，借开劲，右掌以小指引导，前臂外旋，右掌变阴掌，右拇指对正鼻尖，左肩背后找右胯（后三合）；右脚尖翘起，呈右抱七星式。此动是以意出掤劲。此是意打，而非神打。（图2-2-8、图2-2-9）

第二章　三十七式太极拳授课实录

图 2-2-8　　　　　　　　　图 2-2-9

4. 左掌打挤

与本式动作 2 相同。略。

5. 右掌回捋

右臂向右前方舒伸，想右拇指托天，指心（十宣穴）前伸一尺二，依次想食指、中指、无名指、小指托天，放出一尺二，右掌心自然反向地面，变为阳掌，左手中指扶在右脉门处，自然跟右手旋转，手心翻转朝天变为阴掌；这时右掌与左脚呼应（交互神经），左脚虚起，有离地之意；继想右手小指挠地（有意无形），左脚大趾着地，再想无名指梢第一节先往前伸，再回钩（有意无形），左脚二趾着地，右手中指挠地，左脚三趾落地，右手食指划自己眉攒到眉梢，左脚四趾着地，再想右拇指少商轻拂地，想右掌心右掌根，则左脚心左脚跟着地。右臂回捋舒直，与右足小趾上下垂直时，身体后坐，重心渐渐移至左脚（图 2-2-10）。这时左脚为实为阴，左手为虚为阳。意念用左手沾右脉门（左手为主动，右手为被动），带动

183

右肘尖（少海）经右腿外侧右阳陵泉穴，到后委中穴，再绕到右阴陵、左阳陵、左膝前，再到左阳陵，走一S路线。坠右肘转动时，右手和腰也随之轻转，想右肩井穴背后找左环跳穴（后三合）（图2-2-11、图2-2-12），腰转到极度，再想左肩井穴从身体前面找右环跳穴（前三合）（图2-2-13—图2-2-15），右肘尖（少海）扎向右后下，左右手阴阳掌互换，想左手心扒右脚心，右脚翘起。

图2-2-10

图2-2-11

图2-2-12

图2-2-13

图 2-2-14

图 2-2-15

【用法】打挤时，对方抓住我右腕，此时我右腕外旋，横扣其外关穴，将左手手指微贴其手指，手接触对方手腕，丢掉接触点，想其足内踝照海穴，意想自己右肘尖随腰下旋，对方即被捋出前跌。

6. 右掌前掤

意想左肩井穴，经背后找右环跳穴，把右手送出；身体转向西南，再转向正西，重心转到右腿；再想右肩与左胯在身前合，一合就开，开就是放松，这叫肩打靠，是意动；然后想右肘与左膝在身前合，一合即开，这叫肘打；再意想右手与左脚合，右手心要托起左脚心，脚有起意，手也起；手向外展开到右手与右脚小趾垂直为度，右手五指指甲盖依次贴地（从拇指到小指），左脚有起意。（图 2-2-16）

图 2-2-16

【用法】对方被拿起后，欲往后退时，则用左掌托其肘关节，右掌朝下按其腕，对方手臂僵直，这时向斜前方将其掤出。

7. 右掌后掤

接前动。右掌旋向右前方（西北）后，虎口张开，继向右后走外弧线，意想右手指肚由小指到拇指顺序依次托天，由指尖放出一尺二，左手抚于右脉门随动；由右弓步式过渡到左坐步式；右手食指指向东北，掌心与耳门穴等高，外旋时圆心在

第二章　三十七式太极拳授课实录

会阴穴，意想尾闾扎地划弧，带动右少海、右环跳；重心转到右脚时，尾闾带胯肘，劲源自上手。（图2-2-17）

【用法】对方攻我上部时，我用右掌粘其前臂，左掌粘其腕，同时身体右后旋，眼神随食指尖转动放出，走八方线，对方即被拿起。（图2-2-18、图2-2-19）

图 2-2-17

图 2-2-18

图 2-2-19

7. 右掌前按

意想左肩与右胯合（前三合），右手拇指自动找右地仓穴，上下相随，坐手腕的同时翘右脚踝，脚尖翘起，步随身换，意想右掌拇指再找左地仓穴；这时重心在左腿，左手为阳，意在左手沾着右手走，左手为主动，右手为从动；右脚自动扣向正南，右掌心朝东南，右脚落平形成丁八步，重心仍在左脚；右掌推向东南，如推一堵墙，掌不动，身形向后靠出，重心移向右脚（出靠劲）；右掌拇指引导由东南→南→西南旋按出，意在玉枕穴；眼向西南平远视；右手拇指与右脚小趾上下垂直。（图 2-2-20）

图 2-2-20

【用法】 对方被粘起时，我扣右脚尖，转身按出，眼神平远视，对方即被放出。

揽雀尾八动，体现了太极拳八法，见于形的掤、捋、挤、按四正手，含于意的采、挒、肘、靠四隅手。每一动都有虚实变化，虚脚不浮，实脚不滞。

第三式　搂膝拗步

本式共 6 动。

本式名称来源于术语，即左脚在前而推右掌或右脚在前而推左掌，形成左右交叉式，称之为"拗步"。拳法中讲"以手过膝盖或下按膝盖等动作称为'搂膝'"，是破敌下路的方法。亦有沉采对方上三路之意，手走弧线，击其肘关节，使其前栽。

1. 左掌下按

先松右手腕，松右手大陵穴（松垂），右手上抬，右合谷穴找耳门穴（当右手抬至右云门穴，再上抬困难时，右手无名指抠一下手心，右手自然就上去了），因体重在右腿，右腿为阴，则右手为阳，此时只想右手合谷穴找耳门穴，左掌自然下落，左掌心向下，重心仍在右腿；目视通过左手食指指甲盖到前下方一点（三点成一线）。此一动体现动哪里不想哪里，左掌下按，想右手上提，这才能避双重。（图2-3-1）

图 2-3-1

【用法】
如对方用右脚向我腹部踢来，即以左掌对准其膝盖骨向下按，意在右合谷穴找耳门穴，使对方自行倒退而告失败。

如对方抓着我左腕，我意在右手合谷穴上提找耳门穴，左手自然将对方采向前栽。（图 2-3-2、图 2-3-3）

图 2-3-2

图 2-3-3

2. 右掌前按

左手在左膝盖上方，右耳门穴贴右手合谷穴时，身体上下一条线，全凭左右转，意想右肩（肩井穴）背后找左胯（环跳穴），左脚横移，左脚跟虚着地面；身体左转至耳门贴右合谷穴时，右手无名指指肚发胀（得气），以无名指引导，如线头穿针引线向前穿；想右肘（曲池穴）找左膝（阳陵泉穴）时左脚落实，然后想右手（劳宫穴）找左脚（涌泉穴）时，蹬右脚面东，两脚成川字步，弓左腿，左手在左胯旁；此时无名指完成任务，右中指引导坐腕，右中指微向前上方立起（45°），再以右手食指第一横纹定位不动，旋腕（外旋）旋到右拇指与右食指第一道横纹在同一水平面上，右手在胸前中心一线上，右手拇指对准鼻左翼；两眼平远视。（图 2-3-4）

第二章 三十七式太极拳授课实录

图 2-3-4

此势完成时弓左腿,重心在左脚(为阴),左臂为阳,所以意念在左手。拳经上有"随曲就伸",意想左肩井穴、左劳宫穴都往曲池穴上缩(随曲,根节、梢节往中节送),左肘尖往后扎,后腿(右)由委中穴往环跳穴、承山穴送(就伸,中节往根节、梢节送),右掌往前一凸,再一收,就可将推我右手之人发出去。(图 2-3-5、图 2-3-6)

图 2-3-5 　　　　　图 2-3-6

【用法】对方以右脚踢来落空之后，必向前下方落步，这时我进左步紧贴其右脚内侧（锁住对方），同时发右掌击其前胸或面部，对方即应手跌出。

3. 右掌下按

意想左手合谷穴找耳门穴，同时右掌自动向前下方按出，掌心向下；两脚位置不变，仍为左弓步。右掌下按，如摸左膝，但意念在左掌心。下按时人如鞠躬样，头颈、躯干、臀、右腿在一条直线上（斜中寓直），重心在左脚；目光通过右手食指指甲盖到前下方与地面交点。

【用法】与本式动作1相同，只是左右对换。

4. 左掌前按

右脚跟步到左脚旁，阴陵泉穴相贴，接着右脚向前迈正步，脚跟着地，下盘移步时要做到迈步如猫行，如履薄冰；此时目视前方，竖腰立顶（称懒羊抬头）；左手以无名指引导，向前穿针引线，想左肩找右胯，右脚跟落实，左肘找右膝时，右脚掌落实，左手找右脚时，脚趾落实，弓右腿，右手在右胯旁，手心向下。此时左手无名指完成任务，左中指引导坐腕，左五指微向前上方立起约45°，再以左手食指第一横纹定位不动，外旋腕至左拇指与左食指第一道横纹在同一水平面上，左手在胸前中心线上，左手拇指对准鼻右翼；眼平远视。（图2-3-7）

图2-3-7

此势完成时弓右腿（为阴），右臂为阳，所以意念放在右掌上，意想右肩井穴、右劳宫穴都往右曲池穴上缩（随曲，根节、梢节往中节送），右肘尖往后扎，后腿（左）由委中穴往环跳、承山送（就伸，中节往根节、梢节送），左掌往前一凸，再一收，就可以将推我右手之人发出去。

【用法】与本式动作2相同，只是左右对换。

5. 左掌下按

与本式动作3相同，左右对换。略。

6. 右掌前按

与本式动作4相同，左右对换。略。

第四式　手挥琵琶

本式共4动。

两手一前一后，前后摆动滚转，好似挥弹琵琶的样子，故取此名。

1. 右掌回捋

前一动是左弓步，右掌在前，重心在左脚上，左脚为阴，左手为阳，右掌（阴掌）回捋不想右掌，意念放在阳掌左手上，想后三合（从身后边合），即想左肩找右胯，左肘找右膝，左手找右脚；右膝微屈，身体自动往后坐，重心到右腿上；右掌自己往后撤，想右手拇指找膻中穴，此时掌心向左，右手2、3、4、5指斜向上，左脚尖要扎地，左脚跟悬起来；眼向前平远视。（图2-4-1）

图 2-4-1

【用法】对方将我右手腕刁捋并向后拽时，被拽的右手不可用力抵抗，只是意想后三合，则对方拽不动自己，反被拽回来了。但此时绝不可翘左脚尖，如翘左脚则内劲尽失，所以左脚尖要扎地。

2. 左掌上掤

左掌为阴，意想右掌下采，为主动，左掌就掤上来了，为从动；定势时是左抱七星，左脚尖翘起，沉右肩坠右肘；眼神顺左手拇指上平远视，重心在右。（图2-4-2）

【用法】对方用右拳打来，我则以左臂粘其右肘，并以右掌粘其右腕，使其右

图 2-4-2

194

臂伸不直，不让其弯曲，这时对方即被拿起来，失去重心，任我发放。

3. 左掌平按

前一动左掌为阴，右掌为阳，右转腰、弓左步时阴阳掌互换，意想右掌翻转向上托左脚心，左掌自然掌心翻转朝向地面，左掌为主，左指尖向右前方，左掌（阴掌）产生向下的按劲，这是左掌平按。（图 4-2-3）

图 2-4-3

然后左掌反按，左掌内旋，掌心转向外，左手拇指、食指、中指抠对方左翳风穴（在耳后），想右脚五趾抓地，即左手掌以食指引导从右前方向左前方移动，左转腰，左掌心斜向下，右掌掌心向上贴近左臂弯处；重心在左腿，左脚抠地；眼从左手指尖看出去。

【用法】对方攥我右手腕，我则掩右肘，右掌由阳变阴（旋腕）同时肘尖（少海）找膻中穴，随之左掌向右前下方先压其右肘（左掌平按）则其向前斜倾（图 2-4-4、图 2-4-5）。

左手反按时，用左掌中指尖找对方左耳后的翳风穴，贴住后想其右翳风，即从左翳风穿透到右翳风。

图 2-4-4

图 2-4-5

4. 左掌上掤

想左手拇指、食指、中指指肚托天，左臂外旋，手心斜向上，左手中指与眉梢等高；右脚跟到左脚旁，立身，重心仍在左脚；同时右手心向下，右手与肚脐等高，左转腰（东偏北），右掌不动，身体左转后，右掌到右侧带脉的位置，左臂至左前上方；眼神顺左手食指方向向上看，意在左掌心。（图 2-4-6）

图 2-4-6

【用法】如对方右臂已被我拿直，其身体成背势不得力而欲逃脱时，我以左掌心向上托着对方之右臂肘关节，同时右掌心向下粘其右腕的活关节，左右两掌上下一齐动，撅其肘关节（反关节），对方被拿起。（图2-4-7）

图 2-4-7

第五式　野马分鬃

本式共 4 动。

本式为象形动作，以身之躯干比喻为马之头部，将四肢比喻为马的头鬃，两臂左右、一上一下摆动和两腿左右、一前一后向前迈进时，手足左右交织之动作，犹如野马奔腾，形成马头之长鬃向前后、左右摇摆之状态，故名。

1. 左掌下采（回捋）

转体向正前；左掌挡住视线，眼睛仍前视，左掌自落插向两腿之间（插在裆前），手心向右，手指向下，同时右手指尖斜向上；手心向左上抬至右手与眼平时，意想右肘尖与左膝合，右手外劳宫穴找左耳门穴，整个动作如虎洗脸状。重心移至右腿，身体直着下蹲，以上三动同时完成，眼从右手臂向左前方看。向左摆头，横跨隅步，意想右肩后沉催左胯，左脚自动向左前方迈出隅步，脚跟着地，脚尖翘起，头向左脚迈出方向看；同时左手背贴右腿阳陵泉穴，迈左脚和左手摸右腿阳陵

泉穴，形成对称的劲（隅步：两脚横向间隔为 1.5 脚长，前后距离为半脚）。（图 2-5-1）

【用法】此势破打嘴巴。如对方以左手打我右嘴巴时，我则以右手轻轻一托其左肘（或左手根节腋下），抽身长手，使其左手落空，随之进左步锁其双脚，形成待发之势。（图 2-5-2、图 2-5-3）

图 2-5-1

图 2-5-2

图 2-5-3

2. 左肩左靠

左脚踏平，弓左腿，左手向前上走得慢（手心向上），右手向后下走得快（手心向下），快慢是相对而言，因向前上行程短，向后下行程长，但要求同时到位。在弓步时两掌相错，即弓步错掌。当左手小指与左耳等高时，右转腰，眼神领着右手如写"一"字，拉到右手劳宫穴与右脚申脉穴上下成垂直线；眼睛向右手中指延长线与地面交点看（眼、右手中指、右手中指延长线与地面交点，三点一线，两臂约呈180°。这时，左手中间三指拉紧后脚中间三趾，形成卦象乾三连）；后掌微旋，想后掌虎口朝下，掐着后脚脖子。此势结束时，左右臂自然伸直，左手心斜向上，右手心向下。定式时，意想玉枕穴，对方即被靠出。（图2-5-4）

图2-5-4

【用法】进左肩贴紧对方左腋下，然后弓步，套锁其右脚，两臂左右分开，眼看后手（右手）中指指尖，这时左肩产生向外打靠的巨大力量，使对方触之即倒退，跌出很远。（图

2-5-5、图 2-5-6)

图 2-5-5 　　　　　　　　图 2-5-6

3. 右掌回捋

眼睛不看右手，看右膝，手追眼神摸右膝，眼看左膝，手追眼神，摸左膝，跟右步，右腿到左脚内侧，同时左手虎洗脸状，左手外劳宫穴找右耳门穴，向右方摆头，出隅步，右脚跟落地，同时右手背摸左阳陵泉穴。

4. 右肩右靠

与本式动作 2 相同，只是左右对换。略。

第六式　玉女穿梭

本式共 20 动。

本式动作柔缓，环行四隅，如织女织锦运梭一般，故名。

1. 右掌翻转

左手追眼神，眼神躲手，摸左膝、右膝，同时右手以食指为轴（商阳穴滚转），其余四指为轮，以拇指指甲托天，食指、中指、无名指依次托天；右臂内旋，变手心向下，意念由小指沿前臂外沿到少海穴，至左手掌心托右肘；眼看左手中指；这时左脚跟至右脚旁（阴陵泉穴相贴）；眼看左手中指，中指不让看，右臂掩肘（右臂横屈于胸前，再向右外侧掩肘），想少海穴向右外；此时左脚向左前方横跨隅步，脚跟着地，重心在右腿，意在右肩井穴。（图 2-6-1）

图 2-6-1

【用法】对方将我右手腕挎住并往后拽，我则放松，以右手食指为轴，四指为轮，臂内旋，眼神看手尖、肘尖，右肘尖贴地（意）向右后移动，则将对方之根带起，上隅步锁其右足，再斜掤，将对方掤出。臂如长山之蛇，腕为蛇头，肘为蛇尾。对方抓住腕（头），以肘（尾）击之。（图 2-6-2、图 2-6-3）

太极拳授课实录

图 2-6-2

图 2-6-3

2. 左掌斜掤

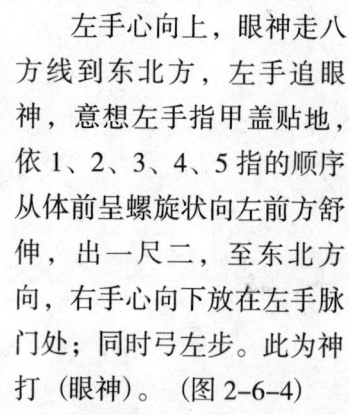

左手心向上，眼神走八方线到东北方，左手追眼神，意想左手指甲盖贴地，依1、2、3、4、5指的顺序从体前呈螺旋状向左前方舒伸，出一尺二，至东北方向，右手心向下放在左手脉门处；同时弓左步。此为神打（眼神）。（图2-6-4）

图 2-6-4

【用法】如对方向我胸部打来，我则上左步锁其后腿，左掌向前伸至与对方左肋靠近，随即向左后方用斜掤劲发出，是破中平手法的招式。

左掌斜掤的另外一种练法：

左掌斜掤时，想右掌5、4、3、2、1指，五指依次按地（因重心在右脚，右手为阳、为主动，左手斜掤为被动）。变弓步时，重心由右到左，左掌为阳，意到左掌指甲盖，贴地顺序是1、2、3、4、5指，到极度时，想一想肚脐（神阙），合一下大敦。（图2-6-5）

图2-6-5

3. 左掌反采

意想左手指肚托天，虎口圆撑，依次为5、4、3、2、1指，左掌走左外弧线，向左后上方移动至北弧线圆心在左臀外侧一点，同时坐步（重心在右腿）；沉肩坠肘时立腰竖顶，两掌均向正北亮掌，两掌指向上，手心向外（北），左手与头维穴等高，右手拇指与左肘等高，重心在右，左脚跟着地，脚尖翘起。（图2-6-6）

图2-6-6

【用法】对方用右掌向我头部打来，我则用左掌粘住他的左前臂下边，然后左腕外旋，用手心上托，同时上身往后一坐，即将对方拿起。

左掌反采的另外一种练法：

左少海穴由左阳陵泉穴绕到左委中、左阴陵、右阴陵，从膝前又绕到右阳陵，已呈坐步，重心到右脚；想右肘合左膝（一个下弧线），再想右肩合右胯（弧线由下转向上），右掌催左肘向上，左手与头维穴等高，两掌均向正北亮掌。

4. 右掌前按

左手心托天，左手食指指丝竹空穴（眉梢处），右掌从正北、东北、正东按出；弓左步，气冲穴压腹股沟。（图2-6-7）

图 2-6-7

【用法】当左掌将对方拿起后，随之发右掌向对方腋下空当处按出，此为破上面来手之法。（图2-6-8—图2-6-10）

第二章 三十七式太极拳授课实录

图 2-6-8

图 2-6-9

图 2-6-10

5. 左掌右转

又叫"双龙盘玉柱",人体如汉白玉柱子,两臂如两条龙盘在柱子上。右臂松力,变右掌心向上(臂外旋)靠近左肋为阴,左手心斜向下为阳,左手小指托天,拇指扎地,中间三指并拢,产生旋力,想左手合谷穴找右耳门穴,使身体自动右转,旋转时(右脚掌为轴,右脚跟内扣)扣左脚掌(左脚跟为

205

轴,左脚掌内扣),体转向南(或南偏西),两阴陵泉穴相贴,重心始终在左腿,当身体右转感到困难时可收小腹;左掌心向下,如阳龙(在右肩上方)右旋要上天,右掌心向上(在左肋处)为阴龙左旋要入地;眼看西北(开门)。(图2-6-11)

【用法】对手从后面抱住我时,我如柱子般体右转,两臂如龙盘在柱子上,只要身子一转就使对方被甩出去。(图2-6-12、图2-6-13)

图 2-6-11

图 2-6-12

图 2-6-13

6. 右掌斜掤

眼神从西北、西、西南、南、东南走八方线，左手追眼神（轻抚八方线），从西北向西、西南、南、东南按出，手心向下；当左手到东南时，右脚向西偏北迈出；同时右手心向上移至左腋下，随体右转，右手沿左臂的治瘫、少海、神门从东南向西偏北斜掤；弓右腿，左手经右脉门到右曲池处时，扣左脚（脚尖向正西）。（图2-6-14）

图2-6-14

右掌斜掤的另一种练法：

与左掌斜掤练法一样，只是左右相反。

【用法】与本式动作2相同。略。

7. 右掌反采

与本式动作3相同，只是左右对换。

8. 左掌前按

与本式动作4相同，只是左右对换。

9. 两掌内合

后坐步（重心在左腿），翘右脚掌，两阴陵泉穴相贴；两臂如右抱七星状。此动定式如"爻"字，也称六爻。（图

2-6-15）

【用法】对方用左掌击我胸部时，我先用右臂肘关节贴住其左肘，并用左掌腕部粘住其左手腕部之后，同时往自身的左后方微微向上一提，即将对方拿起来，或是"随坐步使对方下蹲"。（图 2-6-16）

图 2-6-15

图 2-6-16

10. 右掌下采

11. 右脚横移

12. 右肩右靠

以上 3 动为一个"野马分鬃"。

13. 右掌翻转

与本式动作 1 相同。

14. 左掌斜掤

与本式动作 2 相同。

15. 左掌反采

与本式动作 3 相同。

16. 右掌前按

与本式动作 4 相同。

17. 左掌合转

与本式动作 5 相同。

18. 右掌斜掤

与本式动作 6 相同。

19. 右掌反采

与本式动作 7 相同。

20. 左掌前按

与本式动作 8 相同。

第七式　肘底看捶

本式共 2 动。

本式名称为术语，两掌均变拳，在肘下的拳为主，也称看式，指防守的意思，而上面的拳（捶）是攻击之法，也是处于等待之势，故名。

太极拳授课实录

1. 上步按掌

两虎口圆撑，上左步，当弓左腿时，左手如叼着对方手腕，所谓叼只用拇指和食指；右手如捋着对方前臂随腰向下，两掌走弧线下按，左手在左胯旁，右手在左膝前（虎口向前），两手之间距离始终不变。（图2-7-1）

图2-7-1

【用法】对方用左掌打我胸部，我用右手捋着对方臂部，意想对方右胯，用左手叼住其左腕，意想对方右踝，同时上体微前倾（加大臂力），左右两掌叼捋其左臂朝身之左侧沉采，使对方向前扑跌。此动俗称"叼掳手"。（图2-7-2、图2-7-3）

图2-7-2

图2-7-3

2. 左拳上提

两掌变拳，左肩背后找右胯（后三合），后坐步（重心在右）；左拳先变拳心向上，从左肋下向右斜上方伸出，左食指中节与鼻尖等高，拳心向自己，同时右拳在左肘下，收小腹则右拳眼自动贴左肘尖，左肘尖自动沉到右拳眼。（图2-7-4）

图2-7-4

【用法】 后三合时，对方前倾，送货上门，我左掌从左肘向前上方击打对方下颌，至右拳眼与左肘尖相贴为度（单托双落），可令其下颌脱臼。（图2-7-5、图2-7-6）

图2-7-5

图2-7-6

第八式　金鸡独立

本式共 4 动。

本式是以一条腿支撑体重，而另一条腿屈膝垂悬不落地，形如鸡之单腿独立状，故名。

1. 双掌滚转

两拳同时变掌，坐步变弓步（弓左腿），左掌在前，掌心向上，虎口圆撑朝前，如掐对方咽喉，右掌从腹前向右、向前、向左后走一弧线，右掌伸到左肘下，掌心向下，虎口朝后，有一扣压动作（右手与右肘尖在同一水平线上），气冲压腹股沟，眼向后看右脚照海穴；意在左掌掌心。（图 2-8-1）

图 2-8-1

【用法】对方用左拳向我前胸打来，我用右手腕部反扣其腕部躬身，右肘压其左肘（扣压肘），同时以左手掐其咽喉。此式亦称"黄莺掐嗉"，在八卦掌中叫"老僧托钵"。（图

2-8-2、图 2-8-3)

图 2-8-2

图 2-8-3

2. 右掌上掤

两掌均以中指为轴，四指为轮转动，左臂内旋变手心向下，右臂外旋变手心向上；右掌以食指尖引导贴左臂下，向左上方舒伸（右掌上掤），至百会穴上方，但仍不失沉肩坠肘，气沉丹田，指尖向上，手心向左，身随臂起（重心在左腿，右脚尖需着地）；左手向前指，手心向右，指尖向前；当左手下指时，提起右膝，提右膝不想提右膝，而是想左掌够右脚跟，左手心向右，右脚尖自然下垂，左手指尖下指扎地，犹如一条腿支撑地面；眼向正前方平远视。（图 2-8-4）

图 2-8-4

【用法】对方以右掌向我面部打来，我则以左手刁其右腕，同时以右臂粘住对方右臂内侧向上挑伸，再提起右膝，撞击对方裆部。使用此法要慎重，最好知之不用为妙（右掌挑对方极泉穴，右膝挑对方下肢内侧，使其翻跌，而不撞其阴部，此谓武德。（图2-8-5）

图 2-8-5

3. 双掌滚转

左膝松力向下蹲身，右膝下落脚跟着地（即屈膝落步）。其余同动作1，只是左右对换。

4. 左掌上掤

与本式动作2只是左右对换。

第九式　倒撵猴

本式共10动。

定式如搂膝拗步，但是倒着走，以退为进，将对方所来的直力化为倾斜或打旋而令其败退，而我之势形成追赶之势，故名。

1. 右掌反按

左掌合谷穴找左翳风穴（在耳后），右掌向前掖掌，肚脐

回贴命门收小腹，然后右臂内旋，右掌如摸左脚解溪穴，然后从体前向右走立圆至体右侧，右腕与肩平，掌心向下。（图2-9-1）

【用法】对方以右掌击我前胸，我以左掌粘其右腕，找自己翳风穴，再以右掌掌根击其腹部，意想其尾闾，出透力。

图2-9-1

2. 左掌前按

右掌从体右侧向前走平圆至体前，右腿屈蹲，左脚收至右脚内侧，阴陵泉穴相贴，再向后撤步，前脚掌着地；右掌向左转搂左膝后，掌心向下到右胯旁，左掌以无名指引导向正前方按出；右膝成右弓步式，左脚落平；眼从左掌拇指向正前方平远视，意在右掌心。（图2-9-2）

图2-9-2

【用法】对方以右手抄搂我左脚，我以右手心粘捋住对方右手腕向后、向右再向下沉采，使对方上身前倾失去重心，再以左掌击其面部或左肋（腋下神经处）。

3. 左掌下按

后坐步（重心在左），翘右脚尖；左掌下按摸右膝（若摸右膝摸不着，提右掌够翳风就摸着了）、左膝，体左转，左掌至体左侧与肩平，手心向下（左手走一立圆），同时右手从任脉向上至翳风穴。做此动时，注意立腰竖顶，不可弯腰凸臀，丢顶。（图 2-9-3）

图 2-9-3

【用法】对方以右拳打我面部，我以左掌刁捋其右臂向前下方按，同时坐左腿，将对方向左后下方沉采，使对方失去重心前倾，再以右掌击其面部或右肋（腋下神经处）。

4. 右掌前按

与本式动作 2 相同，只是左右对换。

5. 右掌下按

与本式动作 3 相同，只是左右对换。（图 2-9-4）

6. 左掌前按

与本式动作 4 相同，只是左右对换。

图 2-9-4

7. 左掌下按

与本式动作 3 相同。

8. 右掌前按

与本式动作 4 相同。

9. 右掌下按

与本式动作 3 相同，只是左右对换。

10. 左掌前按

与本式动作 4 相同，只是左右对换。

图 2-9-5

第十式　斜飞势

本式共 4 动。

本式的两臂分合闭张等动作，好像大鹏展翅，斜行飞翔于上空，故名。

1. 左掌斜掤

两虎口圆撑，两臂内旋（左掌心向左前上方斜转，右掌心向右后下方转，实际是由转腰带动的，即右肾托左肾，带动两臂内旋）；重心仍在右脚（为阴）；视线通过左掌食指尖，注视左前上方某一点，意在右掌心（为阳）。（图 2-10-1）

图 2-10-1

2. 左掌下捋

左掌以小指引导走左外下弧线，向右移到裆前，掌心向右，指尖向下，右掌以食指引导走外上弧线，向左移到左耳外侧，掌心向左，指尖向上（如"虎洗脸"所走路线）；重心仍在右脚；视线向正前方平远视，意在右掌心；此时左脚跟步，阴陵泉穴相贴，左脚虚着地。（图 2-10-2）

图 2-10-2

【用法】破双打嘴巴。对方先用右掌打我左脸，我以左掌虎口粘截其臂弯处。用此法时，非左掌用力外推，而是用意想右掌虎口向后下方按地向后撑。对方又以左掌打右嘴巴，此时我以右肘托起，向左前上方移到手背和左耳相贴为度，同时左掌粘其右臂，向右后下方移动，使手背贴近右膝外侧为度。

(图 2-10-3、图 2-10-4)

图 2-10-3

图 2-10-4

3. 左脚前伸

向东北摆头，右肩背后催左胯，左脚向东北方向出隅步，脚跟着地；左掌向右后方伸（有摸右阳陵泉穴之意，出左脚与左掌向右后方伸，有一对称劲）；看左前方，意在右掌心。(图 2-10-5、图 2-10-6)

图 2-10-5

图 2-10-6

【用法】接前两动，出左脚锁住对方后腿。

4. 左肩左靠

此乃弓步错掌。具体做法是两肘松力，右掌以小指引导向左下垂，左掌以食指引导向左上提，左脚落平，两掌心相对两掌虚合；弓左膝时两掌分开，左掌向左前上方移动至左腕与肩同高，掌心斜向上、向内，同时右掌向右后方虚采，以右掌心与右外踝相对为止。右手心向后走一360°扣向前方，有意无形，右手向后搂，重心在左脚，目视左食指延长线（树梢处）；弓左步未到位前意在右掌心，到位后意在左胯找左肩，左膝找左肘，左脚找左手，右脚有腾起之意，谓之六冲。（图2-10-7、图2-10-8）

图 2-10-7 　　　　　　　图 2-10-8

【用法】当对方四肢均被我锁住之后，即将两臂向左前、右后方分开，同时弓左步，形成斜行飞翔之势，对方应手跌出。

第十一式　提手上势

本式共 4 动。
本式动作是指手臂上起如提重物状，故名。

1. 半面右转

亮左掌，右转腰，视向正南；右转腰先将右脚跟带动向内碾，继续右转腰（收小腹，脚跟为轴，脚尖微翘）带左前脚掌内扣，转至面向正南，两脚尖向正南。（图 2-11-1—图 2-11-3）。重心一直在左腿，成左坐步式；同时右掌向左上方移动至右拇指尖对准鼻尖，左掌向后移动，左拇指贴于右臂弯处，成右抱七星状；重心在左腿，眼从右拇指上方平远视，意在左掌心。（图 2-11-4）

图 2-11-1

图 2-11-2

图 2-11-3　　　　　　　　　图 2-11-4

2. 左掌打挤

弓右腿，右腕如折了一样松向下，右前臂横于胸前，手心向后，手指向左，左掌根贴在右脉门处，手心向南，指尖向上，右臂微内旋，左手向前扣，夹脊后倚；重心在右脚；眼从左食指尖上方平远视，意在夹脊。（图 2-11-5）

图 2-11-5

【用法】对方以左掌向我面部打来，我则以左掌压其左腕，右肘粘其左肘，身子微右转，收小腹，身体往后一动，便将对方提拿起来，然后右臂屈成 90°，使右手背与对方前胸相触，即可将对方挤出很远，打一挤劲。

第二章　三十七式太极拳授课实录

3. 右掌变钩

右前臂不动，右手五指微拢变钩，腕骨关节不动，如抓自己五脏六腑，此时可打一寸劲，向前上方顺任脉上提，同时左掌心向下，指尖向右，向下压（如按在右足大敦穴），意想靠左手下压；身随右腕上提而上长（立身），身随臂起，左脚随身子上长而虚起，收至与右脚相齐；右钩在前额上方，左掌在脐下，意在右腕，重心在右。（图 2-11-6）

图 2-11-6

【用法】 如对方以右拳击我前胸，我则以左掌心向下粘对方右前臂向下沉，同时将右手腕部提击对方下颌（单托双落）。

4. 右钩变掌

右钩上提至头上，五指依 1、2、3、4、5 指的顺序指扎天，松钩变掌，掌心向外前上方；重心转在左脚，意在左手心下按大敦穴；眼从右掌食指尖仰视上方。（图 2-11-7）

图 2-11-7

【用法】如对方微向后移,化开了我的腕打,我即顺势将右钩变掌,使掌心翻转向上,仍追其下颌,向上掤劲。

第十二式　白鹤亮翅

本式共4动。
本式动作的运转形式如白鹤展翅,故名。

1. 俯身按掌

视线看右手食指尖;逐渐向前俯身,俯至右掌(掌心向外)与肩平,即按到右食指盖对正眼睛(像鞠躬90°);重心在左脚,意在左掌心。(图2-12-1)

图2-12-1

【用法】接上动,我以右掌托对方下颌,没托着,随之上体微向前俯身,同时以右掌心从上向前、向下扑按对方面部,左手轻扶其腰,管其中节,其必仰翻。(图2-12-2—图2-12-4)

第二章　三十七式太极拳授课实录

图 2-12-2

图 2-12-3 　　　　　　　图 2-12-4

2. 向左扭转

目光转向左掌；左掌以中指、食指、拇指的顺序翻转，手心向上（臂外旋），指肚托眼神，眼先向右看右肘（有欲左先右之意），接着左手掌心向南，向前掖掌（掌根向前掖），手指向下，右手指向左，左转腰，左掌心向左翻转，逐渐向外至正

225

东到左脚外侧；视线看左掌中指尖；同时右掌也随上身转向正东，掌心向外；重心在左脚，看左掌食指尖，意在左掌心。（图 2-12-5）

【用法】对方从我身体左侧以右掌击我面部或搂我脖颈时，我向左扭转身躯，同时右掌由对方的右臂下面抄起，用右腕粘其腕部，使其不能脱离。（图 2-12-6、图 2-12-7）

图 2-12-5

图 2-12-6

图 2-12-7

第二章　三十七式太极拳授课实录

3. 左掌上掤

左脚为重心，先想左掌入地三尺，再想左掌向东，豁沟至无限远；左臂上抬，左掌至头顶以上向右前上方转向正南，右掌随之转向正南；站立面向南；两掌心向南，两手指向上；眼由两掌中间向前上方仰视，重心在两脚，意在两掌掌心。（图 2-12-8）

图 2-12-8

【用法】接上动，我右手腕粘住对方右腕，同时将左臂紧贴对方右臂外侧向上抬起，抬到我左肘略高于对方右肘为止。

4. 两肘下垂

分别以两手拇指为轴，其余四指为轮，变手心相对（两臂外旋），意想两手十指扎天；再分别以两手小指为轴，其余四指为轮，转成两掌心面对自己（两臂外旋）；同时屈膝下蹲，想松开踝、膝、胯、腰、背、肩、肘、腕各关节；重心在两脚；眼从两掌中间平远视，意在两掌指尖。（图 2-12-9）

图 2-12-9

【用法】接上动，我左肘与对方右肘上下相贴时，随即左

227

臂外旋，转手心向后方，同时右手粘住对方右腕，手掌随转随向上伸，右肘同时下沉，使掌心转向后且同时屈膝下蹲，这时对方右肘被我滚肘下压而匍伏在地。

第十三式　海底针

本式共 4 动。

本式以手指喻为金针而点刺对方腋下神经（海底穴），故名。

1. 左掌下按

右手垂腕上提，合谷穴找右耳门穴，掌心向下，指尖斜向前；重心在右脚，抬左脚跟，两阴陵泉穴相贴；左掌向左前下方按出，掌如扶物，以左臂舒直为度；上身随视线看左掌食指尖而微左转。（图 2-13-1）

【用法】对方用右脚踢我左腿，我则以左掌扶其右膝。此式是以提右手而空手打人，如对方仍用力，则会倒退很远。（图 2-13-2）

图 2-13-1　　　　图 2-13-2

2. 右掌前按

身体左转，左脚横跨一步，脚跟着地。下面动作如搂膝拗步，只是右手最后不旋腕；弓左步，重心在左腿；眼从右手拇指向前平远视，意在左掌心找环跳。

【用法】对方右脚向我腿部踢来而刚落地之际，我则急进左步，左膝外侧阳陵穴贴其右膝阴陵穴内侧，同时以右掌向其面部或前胸推出，对方应手而跌出。（图 2-13-3）

图 2-13-3

3. 右掌前指

右腕旋腕，右手心向左（不阴不阳），右掌指向前（指东）；身向后坐，重心在右脚，成右坐步式；视线从右手拇指尖向正前方平远视。（图 2-13-4）

【用法】对方捋拽我右手腕，我即随其拽劲，将右臂和右腕放松，并以手指尖向前舒伸，同时上体微后倚，尾骶骨对正右脚跟，向下坐身，实际右手为阴，左手为阳，意在左手后三合，这时对方反被拽起。

图 2-13-4

4. 右掌下指

松腰，右掌腕部松力，右手下插到两裆之间，掌心向左，指尖向下，左掌如"虎洗脸"状，到右耳外侧，掌心向右，指尖向上；同时左脚撤到右脚内侧，脚尖虚点地。重心在右脚；视线向正前方平远视，意想右手指入地三尺。（图2-13-5）

图 2-13-5

【用法】接上动。当我右手腕被对方右手拽住时，我即将右手腕放松，使指尖向下引伸，如入地三尺，同时屈膝略蹲，并以左手掌往前伸出，点刺对方之肋下神经。（图2-13-6—图2-13-8）

图 2-13-6

图 2-13-7　　　　　　　图 2-13-8

第十四式　扇通背（臂）

本式共 2 动。

本式为形象动作。将自己的腰比喻为折扇的扇轴，两臂喻为扇幅，腰一转动，两臂横侧展开，犹如折扇突然展开与收合，故名。

1. 两臂前伸

右掌向前豁沟至无限远，掌心向左，右臂抬至腕与肩平时，两掌虚合，右掌心向下，与头维穴等高，左掌心向上，如中间有一球（球大小随自己中气定，舒适即可）；身随右臂上抬而微起，重心在右脚；眼注视右掌食指尖，意在右掌心。（图 2-14-1）

图 2-14-1

2. 左掌前按

意想右肩后沉，左胯起，右肘后扎，左膝起，右手后移，左脚自向前伸，脚跟虚着地；右手掌心向上托天，右食指指向北（主动、意）；身体自动向右转至南面，左脚前脚掌自动内扣（被动，形）至正南；左掌向左前方按出，右手心向上托，食指指向右丝竹空穴；松腰向下蹲身，右脚跟内扣，成马步式。以上推、托、坐要同时完成，双掌均高于肩，但注意沉肩坠肘，气沉丹田。（图2-14-2）

图2-14-2

【用法】对方以右拳向我前胸打来，我以右掌粘其右肘外侧，向上擎起高过头顶，同时体微右转，出左脚，使自己大腿内侧贴近对方右大腿，这样架起对方右臂，锁住对方后腿，然后蹲成马步，并以左掌击其右肋下部或其胸部。（图2-14-3—图2-14-5）

图 2-14-3

图 2-14-4 　　　　　　图 2-14-5

第十五式　左右分脚

本式共 12 动。

分脚,指脚踢出时,要求脚背绷平、脚尖挑起而左右分踢之意,故名。

1. 两掌虚合

左转腰，收腹，右脚掌内扣；松右手腕，两掌虚合，即右掌掌心向下，左掌心向上，右掌在上，右合谷穴对右云门穴，两掌如抱一球，球大小视自己中气而定，以舒适为度，球大小由下手（左手）调整。再收步，即左脚收至右脚内侧，左脚尖虚点地面；右手合谷穴对左云门穴；面向正东，重心在右脚，意在右掌心；目视右掌食指尖。（图2-15-1）

图 2-15-1

【用法】对方以右拳向我前胸打来，我左掌掌心向上粘住对方右手腕，或是想自己左掌五指指甲按1、2、3、4、5指顺序贴地，将对方右臂沉采而使其失重，同时将对方右手臂比喻为马的缰绳，这样容易掌握自己的重心稳固和对方重心虚实变化。

2. 两掌右伸（左探马掌）

左脚横跨隅步（东北），弓左腿；两掌错掌，随弓步两臂前伸，成左探马掌（右掌走外弧线移到右前方为止，右掌心向下，左掌也稍前伸，左掌对右臂弯处，左掌心向上，右掌在前、在上，左掌在后、在下）；重心在左脚，眼从右掌食指尖看出去，意在左掌，即神在右，意在左。（图2-15-2）

【用法】接上动。我用左掌（掌心向上）反粘对方右腕，同时向左前方迈进一步，并以右掌（掌心向下）打对方的颈动脉（马鬃）或翳风穴（死穴）。击打右翳风意想左翳风，是透力，使用时要慎重。（图2-15-3）

图2-15-2

图2-15-3

3. 右掌回捋

右掌以小指引导走内弧线，渐向左下方移动，以手背贴在左膝盖左侧为止，掌心向左，同时左掌以食指引导，渐向右上方移动，到右耳外侧为止，掌心向右（即两臂如打轮，是一立圆），简言之是绞手搭手；回看右脚照海穴，重心仍在左脚，意在左手。（图2-15-4）

图2-15-4

【用法】接上动。我以右掌敷对方右肩,然后经后颈绕至左肩,再向左后下方回捋,使手背贴在左膝外侧,与此同时,左掌向右上方走弧形托其右腕,使左手背靠近右耳。这时,对方被我拿得头朝下,脚朝上,或滚倒在地。(图 2-15-5—图 2-15-7)

图 2-15-5

图 2-15-6

图 2-15-7

4. 两掌交叉

两手十字相交，右掌在外，掌心向外，两掌后溪穴与鼻尖成等边三角形，鼻尖向前够时，口中会产生唾液（此时先不下咽）；重心仍在左脚；眼从两掌中间平远视，意在左掌。（图 2-15-8）

图 2-15-8

【用法】对方发右掌向我面部打来，我以左掌刁采其右腕，然后右掌从对方右臂外侧的下面往上抬，和左掌交插搭成十字状，使其右掌不能下落。

5. 两掌高举

两掌以小指引导，同时向左前上方举过头顶；同时身随臂起，右脚跟抬起；两手如搭凉棚状在头上，然后坠两肘，意在左肘尖；提起右膝（右膝与胯平），气沉丹田，咽下唾液，头向右（东南）摆动，左腿独立；目视东南，意在左肘扎地。

（图 2-15-9）

图 2-15-9

【用法】接上动。两掌高举过头，架住对方右臂，同时提起右膝，成待发之势。

6. 两掌平分

两掌由指尖引导，走上弧线向右前（东南）、左后（西北）斜角分开，两掌分别与两肩等高，两指尖随松腕向下点（分掌），右掌心向左，左掌心向右；同时右脚向右前方踢出，脚面绷平，脚尖上挑，重心在左脚；目视东南，意在左手指尖。（图 2-15-10）

图 2-15-10

【用法】接上动。我右臂架着对方右臂，使对方不能脱离，此时我分掌翘脚，踢胸点肋，即我分两掌，右脚踢对方前胸或右肋。（图 2-15-11、图 2-15-12）

图 2-15-11

图 2-15-12

7. 两掌虚合

屈左膝，松腰下蹲，成左坐步式，右脚跟缓缓落地（东南隅步）；两肘松力，左手像单手捋髯，左合谷穴找右云门穴，手心向下，指尖向右，右手心向上、向右后下方回捋与左掌两掌虚合，右手指向左；重心在左脚；先目视右手食指，再视左手食指尖，意在左掌。

【用法】与本式动作 1 同，只是左右对换。

8. 两掌左伸

与本式动作 2 相同，只是左右对换。

239

9. 左掌回捋

与本式动作 3 相同，只是左右对换。

10. 两掌交叉

与本式动作 4 相同，只是左右对换。

11. 两掌高举

与本式动作 5 相同，只是左右对换。

12. 两掌平分

与本式动作 6 相同，只是左右对换。

第十六式　转身蹬脚

本式共 4 动。

本式从前方往左转向后方约 180°，单脚支撑体重，属于平衡动作，然后把脚蹬出去，故名。

1. 两拳交叉

两臂松力，两掌变拳，拳心向内交叉于胸前（右拳在内）；左膝松力，左脚悬垂，重心在右脚；视线从两拳中间平远视，意在右拳。（图 2-16-1）

图 2-16-1

【用法】对方以右手捋住我左手腕或向我面部打来，我则两掌变两拳，屈臂、坠肘，两臂外旋交叉于胸前且屈左膝，左脚悬垂不落，这时将对方拿起。

2. 提膝转身

右拳如攥一螺丝刀向顶棚上拧，走一螺旋线，终点是右合谷穴找左耳门穴；左膝往左后上提（膝与胯平），以右脚跟为轴向左后方转身（西北隅），右脚尖转向西北；两拳交叉不变；重心在右脚，视线从两拳之间平远视，意在右拳，脚跟、会阴、百会上下垂直。拳谚：上下一条线，全凭左右转。（图2-16-2）

图 2-16-2

【用法】对方从身后以右掌向我头部打来，我急忙向左转换身形，对此要注意自己重心的稳定性，以便动作的变化自如。

3. 两掌高举

两臂松力，两拳向前上方伸举，两臂内旋变掌，掌心向外；重心仍在右脚；目光平远视，意在右手腕。（图2-16-3）

【用法】接上动。我转过身来，急忙用右手粘住对方的右手腕，保持粘住不可脱离，同时左右两臂往上抬起，再左右两掌架住对方右臂待发。

图2-16-3

4. 两臂平分

两掌以指尖引导走上弧线，向左前（西南）、右后（东北）分开；坠两肘，提左膝；再两掌分别向西南、东北撑掌；同时左脚向左前方蹬出，左脚跟为触点。重心在右脚；目视左掌拇指，意在右掌根。形在脚，意在手，强调交互神经作用，即上下相随。（图2-16-4）

图2-16-4

【用法】接上动。自己两掌高举之后，再用右手粘住对方之右腕向后牵引，并以左掌劈击敌面部，同时发左腿，以左脚跟照对方右胯处蹬之，使其跌出很远。

第十七式　进步栽捶

本式共6动。

本式以拗步前进，右拳犹如握一棵树苗，往左脚前方设想之深坑中栽植，故名。

1. 左掌下按

右膝松力，松腰蹲身，左脚跟落地成右坐步式；左掌随左脚落地而下按，同时松右腕，右合谷穴找右耳门穴，右手虚提到右耳外侧；重心在右脚，意想右手，眼神从左手食指指甲盖到前下方一点。

【用法】对方顺步冲拳朝我前胸打来，我就以左掌截其右臂中节，然后进左步向其裆内落下，同时提右手腕使合谷穴对耳门穴，准备发招。

2. 右掌前按

如"搂膝拗步"动作2，右手无名指穿针引线向前穿，想右肩与左胯合，左脚跟落实，右肘与左膝合，脚掌落实，右手与左脚合，左脚五趾落实，右中指立腕，右食指旋腕，右手在胸前，右手拇指如套在右鼻孔；弓左腿随曲就伸（见"搂膝拗步"动作2），左掌在左膝外侧，掌心向下，手指向前；重心在左脚，意在左掌，视线经右手拇指尖上方平远视。

【用法】接上动。在我以左掌沉采对方右臂弯处之际，同时以右掌向对方面部按出，当左脚落平成左弓步时，对方应手而跌倒。

3. 右掌下按

右掌下按想左手上提（左合谷穴找耳门穴）；右脚跟到左脚旁，两阴陵泉穴相贴，右脚再如履薄冰样向前迈出，右足跟着地，重心仍在左脚，意在右掌心；目视右手食指尖延长线与地面交点。

【用法】与本式动作 1 相同，只是左右对换。略。

4. 左掌前按

立腰竖顶，抬头向前平远视，其余与动作 2 相同，只是左右对换。略。

5. 左掌前按

与本式动作 3 相同，只是左右对换。略。

6. 右掌下栽

抬头，眼向前平远视；立腰竖顶（又称懒羊抬头），左脚逐渐落平成左弓步；右掌向前按，快要按到位时变拳，拳眼向下，随弓左膝而弓身向左脚前方栽捶，拳眼对左膑骨，左手虚贴右臂（腕后肘前）；重心在左脚，意在左手微内旋；目视右拳食指中节。（图 2-17-1）

图 2-17-1

【用法】 对方以右拳击我面部，我以右手顺其来势握其右腕，并以左手扶其右臂弯处，两手同时微做内旋动作，使其臂腕弯曲，贴近右肩时迈进左步，再握其右腕向左脚前往下栽植，这时对方应手倒跌，翻滚在地。所谓栽捶，即栽对方之捶。（图 2-17-2、图 2-17-3）

图 2-17-2 　　　　　　　　图 2-17-3

第十八式　翻身撇身捶

本式共 2 动。

本式指身体由前往后转 180°，用两臂之捶、掌向外抛出之形态而命名。

1. 右拳上提

右转腰，靠腰带动，把右脚带过来（就是以右脚掌为轴，右脚跟内碾，右脚转向正北）；此时右臂如绳索般，右拳转至西北（拳与身体的位置不动，是靠转腰将拳带到西北方向，是腰转），左手为阳，意在左掌推右拳，右拳出掤劲。继续右转腰，收腹，左脚跟为轴，左脚掌内扣至正北；同时右拳外劳宫穴找右肩井穴（此为阳肘），左掌掌心向内，指尖找右曲池穴。此动名叫"朝天献肘"，右拳在胸前走一弧线，右肘尖指东北偏上，体重一直在左脚；视线随右拳走，最后注视右肘尖方向的斜上方，意在左掌指尖（因重心在左脚，左掌为阳）。（图2-18-1）

【用法】如对方从右后进攻，我即用肘反击之。用肘不想肘，否则就犯双重之病。我就想右拳外劳宫穴走一弧线找右肩井穴，同时左手指（阳）找右曲池穴（阴），击其胸部。（图2-18-2）

图 2-18-1 　　　　　　　　　图 2-18-2

2. 右肘下采

右上臂不动，以肘尖为圆心，前臂为半径，右拳心向上、

第二章　三十七式太极拳授课实录

向东北上方反击之（肘开花）（图 2-18-3、图 2-18-4），随后左掌上移盖住右拳眼（拳眼向上）；同时右脚向右横开正步，脚跟着地，随弓右膝成右弓步式；右拳下落至右胯旁，拳眼向上。重心在右脚；视线先随左掌食指尖，定式时向前平远看，意在右拳。（图 2-18-5）。

图 2-18-3

图 2-18-4 　　　　　　　图 2-18-5

【用法】接上动。对方以右拳朝我迎面打来,我以右手采其右腕,使其掌心向上,左手辅佐之,同时以左肩紧贴其右肋下做支点,随即向右转腰,重心先在左脚(上动),右脚向右开步,同时两手采其右腕向前、向下采,这时重心在右腿。此时,对方右臂别住劲,只有随捋而跌出,否则其一较劲,其臂必伤。此招外家拳称为"周仓扛刀"。

第十九式 二起脚

本式共6动。

本式指左右两脚连续起落,故名也叫"二起蹦子",现改为探马掌和右蹬脚,隐去跳跃动作。

1. 翻掌出步

左掌以小指引导(左前臂外旋),循右拳外面翻转,手心向上,右拳也变拳心向上放在左掌上,意想右手指甲盖贴地,将右拳依拇指、食指、中指、四指、小指的顺序由拳变掌;此时重心在右脚;随即变两掌虚合,右掌在上,掌心向下,左掌在下,掌心向上,右手合谷穴对右云门穴;再出左脚(隅步)成右坐步式;两掌移向左胸前虚合;重心在右脚,目视右掌食指中节,意在右掌。(图2-19)

图2-19

【用法】对方将我右手腕攥住，我以左手按其手背做外旋沉采，同时右拳变掌（意想指甲盖贴地）粘其手指做外旋上掤。此为擒拿手法。同时迈出左脚，有踹其胫骨之意。

2. 两掌右伸

与第十五式动作 2 相同。

3. 右掌回捋

与第十五式动作 3 相同。

4. 两掌交叉

与第十五式动作 4 相同。

5. 两掌高举

与第十五式动作 5 相同。

6. 两掌平分

与第十五式动作 6 相同，只是将分脚变为蹬脚，撑左掌（如扶墙）。意在左掌心，目视右掌拇指尖。

第二十式　左右打虎势

本式共 4 动。
本式双掌并举，披身闪展，形如打虎，故名。

1. 两掌合下

右膝松力屈膝，右脚尖垂悬；两掌掌心向下，以食指引导，左掌向右合，右掌向左合，然后两掌均向东北探掌，手心均向下，左掌在前，右掌拇指在左臂弯右侧；同时左膝松力向下蹲，右脚向右后（西南）撤步，脚跟着地，两臂微屈，右腿伸直，有随曲就伸之意。重心在左脚；目视左掌食指尖，意在左掌心。（图 2-20-1）

【用法】对方以"虎扑势"右拳击我前胸，我以右手捋其右腕，左手采其右肘向右下方捋出，同时右脚向右后方退一步，对方就会身体重心倾斜不稳。（图 2-20-2—图 2-20-4）

图 2-20-1

图 2-20-2

图 2-20-3

图 2-20-4

2. 两拳并举

两掌向右捋，左掌摸左阳陵泉穴时，右掌摸右阴陵泉穴；随身体右转，右脚掌向正南落平，重心平均在两脚；随身体右转，分别摸右阳陵泉穴（右手）、左阴陵泉穴（左手）；弓右膝，左脚掌内扣；右手摸右环跳穴时左手摸右阳陵泉穴，两掌变拳向右前方伸出，右拳在上在前，拳眼向左前方（正东），左拳眼向上，贴在右肘下；重心在右脚，眼向左前方（东南）平远看，意在右拳。也称"转体左贯"。（图2-20-5）

图 2-20-5

【用法】接上动。当我右脚跟刚着地时，即向右转身（两掌捋采动作要与撤步转身等动作协调一致），意想右后是一个深渊，将敌引入，这时对方便会扑跌出很远。同时两掌握拳高举，形成弓步披闪，在其扑空失重瞬间迎击其太阳穴，有进攻或防守之势。

3. 两掌回捋

身体左转向东南，右脚尖扣向正东；两拳变掌，像推空气样向东南探掌，右掌在前、在上，左掌在后、在下（左拇指在右臂弯左侧），掌心均向下；同时左脚向左后方撤（西北），脚掌着地。重心在右脚；目视右掌食指尖，意在右掌心。

【用法】与本式动作1相同，只是左右对换。略。

4. 两拳并举

两掌向左将，右掌摸右阳陵泉穴时，左掌摸左阴陵泉穴；此时随左转体，左脚跟向正北落平，重心平均在两脚；随左转体，左手摸左阴陵泉穴，右手摸右阴陵泉穴；弓左膝，右脚跟外碾，左手摸左环跳穴时右手摸左阳陵泉穴，两掌变拳向左前方伸出，左拳在上、在前，拳眼向右前方（正东），右拳眼向上，贴在左肘下；重心在左脚；眼向左前方（东北）平远看，意在左拳。也称"转体右贯"。

【用法】与本式动作1相同，只是左右对换。

第二十一式 双风贯耳

本式共4动。
本式以左右两拳由身后到身前贯击对方双耳，故名。

1. 两拳高举

右拳从左肘外侧向上伸，两拳交叉于胸前，两拳心向自己；同时右脚提至左腿旁。

两臂内旋，拳心转向外（北），两臂两拳高举，身随臂起，两拳在头上方如搭凉棚。

坠肘向东北提右膝（为使左腿独立支撑体重比较稳定，提右膝时，意想坠左肘），重心在左脚，意想左肘；向右摆头，目视右前（东）。（图2-21-1）

【用法】对方以右脚踩踏我右腿时，我将两拳高举过头顶，这时坠左肘，右膝会很轻灵的提起来，以做待发（蹬出）之势。

图 2-21-1

2. 两掌平分

右腿向正东开胯，右脚脚跟向正东蹬出去；同时，两拳变掌，分别向前后平分，右掌在前，手心向北，五指指向下方，左掌向左后撑掌如扶墙，手心向西北，坐腕，指尖斜向上；重心在左脚；目视正东，意想左掌掌根。（图 2-21-2）

图 2-21-2

【用法】接上动。我提右膝，躲开对方踩踏后，两掌分别向右前和左后分展，同时右脚会自然地向对方的右胯骨头处（俗称大转子）蹬出，这时对方便被蹬出很远。

3. 两掌下采

屈左膝，右脚向左偏前些脚跟落地成左坐步式；两掌心向内，左掌从右乳向下插，再右手掌从左乳向下插，左掌在外，右掌在内，两掌交叉于腹前。（图 2-21-3）

两臂外旋变两掌心向上，两掌距离与肩同宽，两掌在腹上胸下，继而两手食指微拢如变钩（正东方向）。（图 2-21-4）

弓右步，蹬左脚；同时意想两肘尖与地面平行向后拉，这叫肘不离地，两掌到带脉钩变掌，手心扶肾俞穴；重心在右脚，目视前方，意在两腕。（图 2-21-5）

【用法】对方双手搂我腰时，我两掌右插乳，左插乳，经对方前胸向下向后，最后两掌心贴近自己两肾之后，对方就被拿起来了。（图 2-21-6）

图 2-21-3　　　　　　　　图 2-21-4

图 2-21-5　　　　　　　　图 2-21-6

4. 两拳相对

两掌从两肾俞穴向下（臀部）出溜，自动滑出，再两掌变拳向上向前（正东）贯拳，两拳与自己头维穴等高，拳距约10厘米，两拳眼斜向下；重心在右脚，目视前方，意在两拳。（图 2-21-7）

图 2-21-7

【用法】接上动。当对方身体前倾时，我两掌变拳，从身后分左右向正前方、向对方耳门处贯拳。两拳指根凸骨处接触对方前为空心拳，凸骨处接触对方的瞬间变实心拳，拳力煞内，入骨三分。（图 2-21-8、图 2-21-9）

图 2-21-8　　　　　　　　　　图 2-21-9

第二十二式　披身踢脚

本式共 4 动。

披身似披斗篷状，它是指转身躲闪之后以脚踢之，故名。

1. 两拳右转

身体右转，右脚跟松力向里扣，右脚尖向正南；两臂外旋变拳心向里，此处注意三圈，即腕圈、肘圈、腰圈；重心在右脚，视线随两拳向东南方而转移，从两拳间平远看，意在右拳。右为主动，左为从动。（图 2-22-1）

【用法】如对方攥我两手腕往后拽时，我随其拽劲，上体微向右扭转，变成歇步（左膝盖顶右委中穴）。我腕、肘、腰

图 2-22-1

三圈同时旋动，形成接触点之轨迹，由此三圈组成，将对方锁住，使其失去重心。

2. 两拳交叉

身体与两臂转向正南，松腰蹲身，左脚跟抬起成半坐盘式；同时左拳向右移，左腕贴在右腕外侧成两拳交叉状，左拳在外，两拳心均向里；重心仍在右脚；眼向左前方平远看，意在右少海（肘尖）。（图 2-22-2）

图 2-22-2

【用法】对方攥我两手腕，又以右脚踢我裆部，我身体向右转90°，同时松肩、坠肘，两手臂外旋，使两手臂交叉成十字状（注意腕、肘、腰三圈），两腿成为歇步，此时我已做到披身，而对方身体处于倾斜欲倒之势。（图2-22-3—图2-22-5）

图2-22-3

图2-22-4

图2-22-5

3. 两拳高举

两臂内旋，拳心转向外，两拳交叉向前上方伸举过头顶，身随臂起，两拳在头上方如搭凉棚；再坠肘提左膝，重心在右脚；眼向南平远看，意在右肘。（图2-22-6）

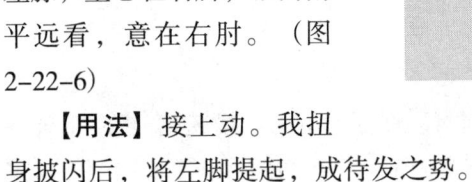

图 2-22-6

【用法】接上动。我扭身披闪后，将左脚提起，成待发之势。

4. 两掌平分

两拳变掌，分别向前后平分，左掌在前，手心向南，指尖斜向下，右掌在后，如扶墙状后撑，手心向西南，指尖斜向上；同时向正东踢脚（左脚跟向正东蹬出）。（图2-22-7）

图 2-22-7

【用法】接上动。对方失去重心倾斜之际，我及时发出左脚，以脚跟对准对方右髋骨蹬出，可将对方蹬出很远。

第二十三式　回身蹬脚

本式共 4 动。

本式指身体回旋 180°，而后发腿蹬出，故名。

1. 左脚右转

右手心摸右环跳穴（以保证上下一条线），意想左手合谷穴找右耳门穴；以右脚掌为轴，身体右转；左手像向西北够东西；左脚尖走外弧线，脚跟落在右脚旁，面向西北，脚尖向西北，重心在右脚，意在右掌心；视线随右转身而变为西北。（图 2-23-1）

图 2-23-1

2. 两拳交叉

左脚落实，重心转向左脚，右脚尖收在左脚旁，脚尖点地；

同时两掌变拳，在胸部交叉，右拳在外，拳心均向里；重心在左脚，眼看东北，意在左拳。（图 2-23-2）

【用法】以上两动，当我以左脚蹬对方，对方避开后又以右脚踢我实腿（右腿）时，我将左脚随身体右转落在右脚旁，左脚落实后，两拳交叉于胸前，上体略蹲，避开对方右脚向我的袭击。

图 2-23-2

3. 两拳高举

与第二十一式动作 1 相同。略。

【用法】对方向我扑来，我乘势擎起对方双臂，高举过头，同时提起右腿，准备蹬之。（图 2-23-3）

图 2-23-3

4. 两掌平分

与第二十一式动作 2 相同。（图 2-23-4）

图 2-23-4

第二十四式　扑面掌

本式共 4 动。
本式为顺步采掌，两掌交替滚转，连扑带盖，故名。

1. 左掌滚压

左膝松力，松腰蹲身，右脚下落，成左坐步式；同时左、右掌随右转腰和右脚跟落地，右掌掌心向上，撤到靠近右肋，左掌掌心向外，指尖向南横在前额前，且随右脚跟落地，左臂外旋，有一滚压的动作；重心在左脚，看右手，意在左掌。（图 2-24-1）

图 2-24-1

【用法】对方右手搭在我左肩，我以左手粘其前臂向下滚压沉采（改变接触点），对方的接触点是右臂弯，我意想滚压其左膝的委中穴，使对方上身前倾，失去重心。

2. 右掌前按

右脚落平，成右弓步，抬头向前看，左脚蹬成川字步；在左掌滚压至右肋旁（手心向上）的同时，右掌掌心先朝自己面部上穿，再在右弓步的同时，右臂内旋变掌心向外（右拇指遥对鼻尖）；重心在右脚，眼从右拇指上方平远看，意在右掌心。（图 2-24-2—图 2-24-4）

图 2-24-2

图 2-24-3　　　　　　　　图 2-24-4

【用法】接上动。目的是对方面部，这样对方会搪你，躲开你而扑不着。上一动是让对方重心前倾且（我左手如理发师杠刀，有一腕圈）将面部正对你，我在右弓步时扑他面部。

此式如拿我右手中指扶对方囟门穴想对方哑门穴，他就会迷糊，继而坐腕打山根想其命门穴，这时对方就会满脸开花。但此招较凶狠，老师不让使，打拳要讲武德，我扑面时，就将其鼻子、嘴堵住，不让他呼吸，制服他就行了。此为后发先制，从被动到主动。

另有主动进攻的扑面掌，对方先打我，我上步左手扶对方腰，再扑其面。

3. 右掌下按

左脚跟到右脚旁，两阴陵泉穴相贴；左手掌心向上收到左肋旁，右手手心向外横在前额前，再左肘尖向后，向前出左脚，脚跟着地；随左脚跟落地，右臂外旋，有一滚压的动作；重心在右脚，看左手，意在右掌。

【用法】与本式动作1相同，只是左右对换。

4. 左掌前按

与本式动作2相同，只是左右对换。

第二十五式　十字腿

又称"单摆莲"。本式共4动。

本式指左臂与右腿运转相互交叉和相触的动作，形如十字，又好似风之摆莲，故名。

1. 左掌右转

2. 左掌继续右转

此两动，如"玉女穿梭"第一梭后向南偏西右转后双龙盘玉柱的动作。此两动的用法是对方从我后边进攻抓住我右肩头时，我用左手掌心轻扶其手（非攥住），然后继续右转身，面向正西，这时对方就失去重心了。（图2-25-1）

图2-25-1

3. 右脚上提

意想左肘尖，向左平扎，右脚自动向左上方提起；同时左掌以食指引导向右舒直，高与肩平，手心向下；重心在左脚，目视右前方，意在左掌心。

4. 右脚右摆

意想手比脚长，右脚从左前向右摆到右前方下落（正西），脚跟着地；同时，左掌向左转到体前时与右脚相遇而拍右脚面，当右脚脚跟落地时，左手合谷穴找左耳门穴；重心仍在左脚，意在左腕，目视西南（左后上）。（图2-25-2）

图 2-25-2

【用法】接动作2、动作3。抬右脚向左上方提，准备摆踢。接动作4，如对方没什么变化，我用右脚背拍击其腰（两肾）或委中穴（在膝关节后面），同时左掌反击其下颏或耳后翳风穴，手脚夹击，对方仰翻。（图2-25-3—图2-25-5）

图 2-25-3

图 2-25-4  图 2-25-5

第二十六式　搂膝指裆捶

本式共 4 动。

本式动作形式与"搂膝拗步"基本相同，只是最后掌变拳向对方下腹部进击，故名。

1. 右掌下按

右掌向右前下方按去，到右膝外侧掌心向下，指尖向前；重心在左脚，意在左掌；目视右掌食指延长线与地面交点。

【用法】 对方以右掌打我面部，左脚向我下腹部进攻，我以左手迎其右臂外部，以右手按其膝，使对方失去重心。

2. 左掌前按

弓右膝成右弓步式；同时左掌以无名指引导向前按出，掌心向外（西），中指立腕，食指旋腕，随曲就伸。这些与"搂膝拗步"动作 4 相同，用法亦同。

3. 左掌下按

与"搂膝拗步"动作 5 相同。

4. 右拳前下指

左脚跟到右脚旁，两阴陵泉穴相贴，左脚向前迈步，脚跟着地，竖腰立顶，身体右转；右手向右后摆到东北，手心向西北，同时左手搂膝后左掌到体前，手心向北；眼看后手（图 2-26-1）；右手按小指、无名指、中指、食指、拇指的顺序变拳，到食指时摆头向正西，右手拳心旋向上，拳贴于右肋部；弓左步，右拳眼向上，与地面成 45°，向前下方击之，左手扶在右肘前靠右腕处；重心在左脚，意在右承山穴，目视右拳。（图 2-26-2）

第二章　三十七式太极拳授课实录

图 2-26-1

图 2-26-2

【用法】对方以右拳打我前胸，我以左手粘其右肘部，同时转腰将右拳向右后上方一摆，对方已失去重心（图 2-26-3、图 2-26-4）。然后返回到右肋间握成拳，向对方腹部进击，意想对方尾闾，对方仰翻。（图 2-26-5、图 2-26-6）

图 2-26-3

图 2-26-4

太极拳授课实录

图 2-26-5

图 2-26-6

第二十七式　正单鞭

本式共 6 动。

本式将立腰、竖顶、蹲身动作喻为鞭竿，两臂展开动作喻为鞭梢，即以鞭竿坐劲而力贯鞭梢之意，故名。

1. 翻拳上步

右脚跟到左脚旁,两阴陵泉穴相贴,右脚向前迈,脚跟着地成左坐步式;同时右臂外旋,右拳翻转向前上伸出,拳心向上,左手搭在右手脉门处;重心在左脚,目视右拳,意在左掌。(图 2-27-1)

图 2-27-1

2. 右掌前掤

弓右膝成右弓步;同时右拳依 1、2、3、4、5 指顺序松拳变掌(意想右手 1、2、3、4、5 指指甲盖贴地),向西北掤出;重心在右脚,意在右掌,目视右手食指尖延长线。

【用法】以上两动,对方攥我手腕,我先翻拳上步,同时进右步,随后随弓右步,右拳意想指甲盖贴地(依 1、2、3、4、5 指顺序),意想对方申脉(重心腿),右掌前掤,对方就被掤出很远。(图 2-27-2—图 2-27-4)

图 2-27-2

图 2-27-3 　　　　　　　图 2-27-4

3. 右掌后掤

与"揽雀尾"动作 7 相同。

4. 右掌前按

与"揽雀尾"动作 8 相同。

5. 右手变钩

右手腕松力，向西南探右掌；左脚向正东撤步，左脚大趾着地不着力；接着随右手从5、4、3、2、1指变钩扎地，对应左脚1、2、3、4、5趾落实，想右掌心，左脚前掌落地，想右掌根提腕，左脚跟落地。重心仍在右脚；目视右前远处，意在右腕。

【用法】对方以右掌打我面部，我以右掌刁其右腕，略向右侧身，进左腿锁其右腿。

6. 左掌平捋

坠右肘，弓左膝，沉右肩，坐左胯；同时左手从右腕沿右手背向前，左掌心向里且与眼平，左掌从右前方右钩手阳池穴处向左前方移动，且掌心逐渐翻转向外（左臂内旋）；同时松左肩、左肘、左腕，重心从右脚逐渐移向左脚，意在左掌；眼从左手指上方向远处看。（图 2-27-5）

图 2-27-5

【用法】接上动。我右手刁住对方右手腕，左脚锁住对方后腿，同时松左肩、坠左肘，左掌向对方面部或肋下按出，并屈膝略成马步，将对方发出（击发时成侧弓步）。（图2-27-6)

正单鞭定式用法：

对方左侧推我左手，我意想右手阳池穴找天，对方即被弹出（图2-27-7、图2-27-8）；对方右侧推我右手，我意想左手中指掐拇指，对方即被弹出。（图2-27-9)

图 2-27-6

图 2-27-7

图 2-27-8

图 2-27-9

第二十八式　云手

本式共 6 动。

本式两臂上下循环运转,回旋缠绕速度均匀和动作缠绵的姿态,就像天空行云一般,故名。本式是太极拳中重要动作,松静后打本式倍感心旷神怡,可调整中枢神经。

太极拳授课实录

1. 左掌下捋

松左腕，左掌向右下方移动，掌心向内，意想左掌摸左膝，左膝躲，再摸右膝，右膝定；重心自然移至右脚；左掌到右膝前时，右手松钩（依1、2、3、4、5指的顺序）变掌向右伸出（西），右掌心向下；目视右手食指尖，意在右掌掌心。（图2-28-1）

图2-28-1

【用法】 对方以左掌打我嘴巴，我以右掌粘其左腕，并以左掌向自己右脚跟的右后方往下一捋，这时对方失去重心，站立不稳。（图2-28-2—图2-28-4）

图2-28-2

图2-28-3

图 2-28-4

2. 左掌平按

右手下采，左手上迎，逐步立身，两掌心均向内，腰左转，当左掌到右肩处将左云门拉出1尺2寸（三拳），同时右手摸右膝，右膝躲，面向正南时，拉右云门，拉出1尺2寸（约三拳），手心高与眼平；眼从指尖向远处高处看；身体转向正南时，想三田合一（图2-28-5）。左手以中指为轴，四指为轮，逐渐转向手心向外，身体也继续转向东南，屈膝；右手摸左膝，左膝迎（不动），身体左转至左方（正东）时，左掌心向下平按，高与肩平；重心在左脚，目视左食指尖，意在左掌心。（图2-28-6）

【用法】接上动。当对方失去重心而站立不稳之际，我顺其倾斜方向向下捋之，左掌返回向上，向左沿其左臂内侧反击其面，或用左臂随进随转以掌拍其右肩，这时对方应手而倒地或跌出（此为立身挑打）。

图 2-28-5 　　　　　　　　图 2-28-6

3. 右掌平按

左手下采，右手上迎（先摸左少海穴再摸左极泉穴），右手自极泉处上掤；身随臂起，右脚收至左脚旁，两脚平行，间距10厘米；身体转至东南蹲身；右手对左云门（图 2-28-7）；将右云门拉出1尺2寸，左手摸左膝，左膝迎，身体右转至正南，三田合一，将左云门拉出1尺2寸，右手以中指为轴，其他四指为轮，逐渐将手心转向外；身体再右转，左手摸右膝，右膝躲，使两膝内侧微离，便于转体；身体继续右转至正西，右掌向下平按，高与肩平；重心在右脚，意在右掌心，目视右食指尖。（图 2-28-8）

图 2-28-7

第二章 三十七式太极拳授课实录

图 2-28-8

【用法】对方以右掌打我嘴巴，我以左掌粘住其右手腕，并以右掌沿其臂内侧面部或用右臂沿其右臂外侧，使右掌随进随转，以掌心拍其左肩，这时对方应手倒地或跌出很远（此为曲身反打）。（图 2-28-9—图 2-28-11）

图 2-28-9

图 2-28-10

图 2-28-11

4. 左掌平按

右手下采，左手上迎，同时左脚向左横开一步，以下与本式动作 2 相同。

5. 按掌变钩

开始与本式动作 3 相同，当右掌至右前方时与"单鞭式"动作 5 相同。

6. 左掌平按

与"单鞭式"动作 6 相同。

第二十九式　下势

本式共 2 动。

本式是从高突然变为低的架势，动作形态好像鹰在空中盘旋，突然下落捕兔之状，故名。

第二章　三十七式太极拳授课实录

1. 右掌前掤

眼神往左送，向东摆头；松开左腕、肘、肩，再松右肩、肘、腕；眼神逐渐转向右，重心也逐渐移到右脚；右手依1、2、3、4、5指的顺序松钩变掌（掌心向下）；眼看右手，眼神看右膝，手追眼神；右掌心逐渐变向内，右掌下落有摸右膝之意，但右膝不让摸，有膝躲之意，眼看左膝，手摸左膝，左膝定，重心移到左脚；右掌上行，与左掌心相对，高与肩平，左臂微屈，右臂松直，两手指尖向东；成侧弓步。（图2-29-1）

图2-29-1

2. 两掌回捋

两腕松垂（非变钩，像没有手腕一样，如拳理所说：有就是没有，没有就是有）（图2-29-2）；此时重心在左脚（为阴）；左手为阳，左手为主动，意念放在左手，从外形看是两手同时往后捋，但右手是从动；同时旋腰立身，两掌虚向上提；右转腰，重心逐渐移向右脚，右脚为阴，右手为阳，意念放到右手，两掌转到西北，坐腕，掌与腕平，手心向下（图2-29-3）；随身体左转，像老鹰扑兔般两掌从西北盘旋而下（沿螺旋线下来），两手心分别对住自己的左右膝时变掌心相对，十指向东；立腰竖顶，重心在右脚，向下蹲身，左腿舒直成右仆步式，两脚尖均向南，意在右掌心；向左前方平

281

太极拳授课实录

远看。（图2-29-4）

图2-29-2

图2-29-3  图2-29-4

【用法】对方攥我两手，动作1，我重心在左脚，意念放在左手（阳、主动），拨他，随右转腰重心移到右脚，意念放在右手，就将他拨过来了，使其失去重心。动作2，我右掌粘

第二章　三十七式太极拳授课实录

住对方右臂时，腕部向后、向下沉采，对方应声向前扑跌。（图 2-29-5—图 2-29-7）

图 2-29-5

图 2-29-6 　　　　　　　图 2-29-7

有意皆是假，无意不为真，有意无意之间方为真意。就是有意变为无意、无意变为有意这个阶段才出太极东西，即随脚下阴阳变化（虚、实变化）而意念也随之变化，这样才出太极劲而非拙力。

第三十式　上步七星

又称"上步骑鲸"。本式共2动。

本式突出了身上的七个部位,即头、肩、肘、手、胯、膝、足,所构成的姿势称"上步七星"动作,形如骑鲸,故名。

1. 右掌前掤

右手中冲穴找左手大陵穴;左脚跟为轴,左脚尖转向正东;接着想右手大陵穴前伸找左手中冲穴,成左弓步,右脚横跨,这时重心在左脚,左脚为阴,左手为阳。意想左手再找右曲池穴,则右掌前伸为掖掌;目视右掌指尖,入地三尺。(图2-30-1)

图2-30-1

【用法】趁对方身体被我牵动失去重心之际,我用右掌向对方下腹部袭击;或跨击对方大腿内侧血海穴。(图2-30-2、图2-30-3)

图 2-30-2　　　　　　　图 2-30-3

2. 两掌上掤

左手合谷穴找右耳门穴，左鼻孔吸气，将右手、右脚带上来，右掌在左掌外，两掌交叉，右掌心向左，左掌心向右；出右脚，脚跟着地，成左坐步式（如鸡蹬步），重心在左脚，意在左掌心；由两掌中间向前平远看。（图 2-30-4）

图 2-30-4

【用法】对方向我打拳，我用两掌架住对方手臂，同时用右腿贴对方前腿外侧，用右脚蹬对方后腿胫骨（上、中、下三路全封住了）。

第三十一式　退步跨虎

本式共 2 动。

本式是右脚由前向后撤一大步，坐身收左脚，左脚尖虚点地面成跨虚步，两臂分开，前掌后钩。拳术的术语称此为"跨虎式"，故名。

1. 两掌前掤

两腕松力，两交叉掌分开，掌心向下、向前探掌；同时右脚向后撤步，脚尖着地。意在左指尖。（图 2-31-1）

图 2-31-1

【用法】对方向我右腿踢过来，我撤右步，手像白蛇吐信一样奔对方眼睛，然后用左手钩住对方踢来之腿。

2. 两掌回捋

两掌相合，右手背贴左阳陵泉穴，身体右转，右手背贴右阴陵泉穴，同时右脚跟内收（右脚成正南正北方向）；再两掌相合，右手背向左脚申脉处贴，继而右手上提至右耳门，接着向前掤出，右拇指指向天，小指指向地，其余三指向南，手心向左；左掌变钩向后撤，钩尖向上；同时上左脚于右脚左前，脚尖着地；眼向东看，意在右掌心，重心在右脚。（图2-31-2）

图 2-31-2

【用法】接上动。我用左手抄对方脚腕，另一只手挂住对方击来之手，左右两臂朝前后分开，同时向右急转身，前腿（左腿）收回靠近右腿，这样闪开己之正中部分，使对方招法落空而应手向后摔倒。

第三十二式　回身扑面掌

本式共 2 动。
本式由前向后回转过身子以后，再发掌扑盖前击，故名。

1. 右掌回捋

眼看八方线，从正东看到正西无限远，腰右转；在看到正南时，右手心从向东（阴阳掌）变为手心向下（阳掌），手追

眼神，右手至正西；重心仍在右脚，意在右掌心，手追眼神至正西无限远（视线走出太极劲）。（图2-32-1）

【用法】对方从我身体右侧打右拳，我即向右转身，同时以右掌指尖向对方眼睛虚击，使对方受到突然袭击而处于迟钝或发呆的状态。

2. 左掌前按

右手中冲穴找左气冲穴，左膝自动上提，且左手随之钩变掌，从左肋旁上提至左大腿上方，手心向上；身体微右转，左脚在右脚前落步，弓左步；左掌变手心向下，向前按出，右掌心向上，右掌在左肋前。（图2-32-2）

图2-32-1

图2-32-2

此动如直接向前迈步则要往前栽，这时动脚不想脚，而是想右手中冲穴找左气冲穴，这样左膝自动提起来。定式时面向正西，重心在左脚，意左肩、肘、手松、松、松，同时想右胯、膝、足蹬、蹬、蹬，意在左掌心，眼看左掌食指尖。

【用法】接上动。我用右掌在对方眼前虚晃，然后立即收回使右掌心向上，以右手背沉采其右臂，进左步，使我阴陵泉穴贴对方阳陵泉穴，锁住对方后腿，再以左掌击其面部（有扑盖之意）。

又如对方用左拳打，跨步大，我隅步套锁或脚踏中门（对方两脚中间），意念想脚搁对方后脚上，再松（肩）、松（肘）、松（手）、蹬（胯）、蹬（膝）、蹬（足）。

第三十三式　转身摆莲

又称"双摆莲"。本式共4动。

本式右脚弧形运转与左右两掌依次相触的动作，形若风吹摆莲，故名。

1. 左掌右转

左手合谷穴找右耳门穴，身体右转至北偏东（如前面所学双龙盘玉柱）。重心在左脚，看正东，意在左掌心。

【用法】对方从我背后用右手抓住我右肩，我向右转身并以左掌粘其右手腕。不要想扣压其右手，只想自己左掌心劳宫穴合自己的右肩井穴，彼必挣不脱。

2. 双掌沉采

抽身长手。身子往下坐，右臂以右掌食指引导，从左肋处向上、向右走弧线高举过顶，手心向后。（图2-33-1）

图 2-33-1

3. 放铡刀

右手臂向右（南偏东），如放铡刀般下落，高与肩平，同时右手心旋向前方，左掌随到右臂弯处，右脚跟虚起。重心在左脚，面东，向东平远望。

【用法】接上动。右掌将对方右手腕扣住后，接着右臂从对方右臂下边向上穿出，再向右方滚转下压。（图 2-33-2、图 2-33-3）

图 2-33-2

图 2-33-3

3. 右脚提起

两臂向右舒伸（两掌心向下）；右脚向左前方往上提，重心在左脚，意在左掌心；目视东方。（图 2-33-4）

图 2-33-4

【用法】接上动。我将对方右臂压住之后，随之提起右脚，准备发脚。

4. 右脚右摆

意想手比脚长，两手从右向左摆，右脚从左向右摆，左掌、右掌依次与右脚面相触，右脚向右前下方落，脚跟着地，成左坐步式（隅步）；两掌摆至西北上方，掌心向下，左掌在前；重心在左脚，意在左掌心，视线随左掌食指尖转向东北。（图 2-33-5）

【用法】接上动。我右脚从左向右摆踢对方腰部，同时左、右两掌从右向左反击其面部，这时对方失去重心，可由我任意击之。（图 2-33-6）

图 2-33-5

图 2-33-6

第三十四式　弯弓射虎

本式共 4 动。

本式两臂动作、身法的披闪与弓箭步的配合所形成的姿势好像握弓射箭，故名。

1. 两掌右摆

左掌摸左环跳，右掌摸左阳陵泉穴，然后按左阴陵泉穴、右阴陵泉穴、右阳陵泉穴、右环跳穴的顺序，右掌在前，左掌在后摸，逐渐变右弓步（向东隅步），直到右掌摸到右环跳，面向南，两肘如捞稻草般两腕松垂（掌心指尖向下），向上提至与头维穴等高，立腕变拳，两拳眼相对，拳心向外（南）；重心在右脚，看两拳，意在右拳。（图2-34-1）

图2-34-1

2. 两拳俱发

左肘找右膝，右肩找左胯，左拳在下，拳眼斜向上，右拳向左（东）掼出，拳眼斜向下；眼神顺右拳眼方向（左前下方）视出；左肘、右膝、右脚大趾上下对齐。重心在右脚，意在右拳；眼看右拳眼延长线与地面交点处。（图2-34-2）

第二章 三十七式太极拳授课实录

图 2-34-2

【用法】对方以左拳击我胸部，我微向左转身，并以双手顺其来势往外、往上略一带，再两掌右摆，使其失去重心，再两手上提以右拳击其头部，左拳击其肋下神经。（图 2-34-3、图 2-34-4）

图 2-34-3

图 2-34-4

3. 两掌左摆

两拳变掌向东南推空气，左脚跟至右脚旁，两阴陵泉穴相贴，再向左前方出隅步；在变左弓步的同时，右手摸右环跳穴，左手摸右阳陵泉穴，再按右阴陵泉穴、左阴陵泉穴、左阳陵泉穴直至左手摸到左环跳穴，面向北，两手如捞稻草般上提，与头维穴等高，立腕变拳，其后与动作 1 相同，只是左右对换。（图 2-34-5）

图 2-34-5

4. 两拳俱发

与本式动作 2 相同，只是左右对换。眼神顺左拳眼方向（右前下）看去。（图 2-34-6）

图 2-34-6

第三十五式　卸步搬拦捶

本式共 4 动。

本式向后撤步的同时，以两掌向左、右搬移对方来力，然后用左立掌拦阻对方来手，随后用右拳进击敌的肋部或胸部，

故名。

1. 退步右搬（错捶）

旋左腕，将左合谷穴旋转向外（左拳心向上），同时想左肘与右膝合、左肩与右胯合；往后坐身，重心移到右脚（注：一般肩与胯合，肘与膝合，但此处因为左肘在前边挡着，所以先肘与膝合）；右拳心向下放在左曲池穴处；重心在右脚，看东北生门，意在右拳。（图 2-35-1）

图 2-35-1

此处的技击作用是：在弯弓射虎时，对方双手攥我右手，我一只手光转合谷穴也夺不过来，这时想肘膝合，肩胯合，就将对方带过来了。再右肩与左胯合，右肘与左膝合，此时又把对方带到左边。重心仍在右脚，意在右拳，看东南杜门。错拳变掌：两拳变掌，右掌（掌心向下）沿左前臂向前与左掌（掌心向上）相错时想右掌欲扶左脚腕，左脚腕不让扶，左脚后撤一步，撤步错掌要同时，变右弓箭步。两掌错掌如第一搬，两掌搬向右前方（东偏南）。重心在右脚，看右掌（右掌心向下，左掌心向上），意在左脚，左脚为主动，右掌为从动。此一搬是击打对方翳风穴或颈动脉。不要有意击打对方，而是想扶左脚腕，撤左脚，右手失控，才击到对方。这也正是"有心栽花花不开，无心插柳柳成荫"。

2. 退步左搬

旋右腕，将右合谷穴转向外（右掌心向上）；同时想右肘找左膝，右肩找左胯，往后坐步，重心移向左脚；左掌心向下放在右曲池穴处。（图2-35-2、图2-35-3）

图2-35-2    图2-35-3

再左肩与右胯合，左肘与右膝合。（图2-35-4、图2-35-5）

左掌心向下顺右前臂与右掌（右掌心向上）错掌，两掌搬向东北方向；同时右脚向后撤，成左弓步（此时左掌欲扶右脚面，右脚不让扶，右脚向后撤），这是第二搬。重心在左脚，意在左掌，看左掌食指尖。（图2-35-6、图2-35-7）

第二章 三十七式太极拳授课实录

图 2-35-4

图 2-35-5

图 2-35-6

图 2-35-7

【用法】与本式动作 1 相同。

3. 右掌右拦

身体微左转；左手下落摸环跳穴，同时右手微上抬，身体右转，右手阴掌变阳掌，右手至体右侧再变阴掌变拳，拳心向上裹收于右肋下旁（右后溪穴找带脉），这叫生拉死拽，东北为生门，西南为死门，这是外形，意在左手找环跳；身体后坐，重心在右脚；右手拇指从三间穴到二间穴到商阳穴一抹且变拳眼向上，此时左手从左环跳穴向上伸，立掌（掌心向右），面东，左食指对鼻尖，而右拳在右肋下，意想右肘尖下坠扎地（千斤坠）；重心在左脚，从左脚向右脚转移时看左手，而重心在右脚时看右手，面转向正东（正前方）时看左食指尖。（图 2-35-8）

图 2-35-8

【用法】对方以右拳击我前胸，我即向后撤步退身，并以左掌拦阻其右臂（右肘下扎地，千斤坠），使对方前进不得。我右拳在右肋旁待发。（图 2-35-9、图 2-35-10)

图 2-35-9

图 2-35-10

4. 右拳平冲

右拳心找左掌心，右拳伸到左掌心右侧；弓左步；右拳继续前伸，以右臂舒直为度，左掌在右腕后、右肘前；重心在左脚；视线经右拳上面向前平远看，意想右承山穴往后蹬，头往前上顶。（图 2-35-11）

图 2-35-11

【用法】接上动。当我用左臂阻拦对方右臂之后，随即用右拳（捶）从对方右臂下边向前进击敌胸或右腋下神经。（图 2-35-12、图 2-35-13）

图 2-35-12

图 2-35-13

第三十六式　如封似闭

本式共 2 动。

本式两臂交叉时形成斜十字状，好像封条一般（如封），前按的动作好像用手关门（关门两扇，似闭），故名。

1. 两掌分搁

前一动定式时是左弓步。

左掌穿掌到右拳腕部，左手背贴在右前臂外侧。（图 2-36-1）

左掌沿右前臂外侧至右臂肘部时翻掌变左手心贴右臂外侧；同时重心右移，左掌有摸右肩之意，右肩不让

图 2-36-1

摸，身体左转，右肩躲开左手；身体转向正前方（东），重心完全移到右脚；右拳松拳变掌，两臂交叉成斜十字状，掌心向后，略高于肩（如贴封条）。

两掌左右分开，掌心向后，食指向上，两腕与肩同宽高，意想右肘带住两掌向后搂空气至两耳门前，坠肘变两掌心相对。（图2-36-2、图2-36-3）

图2-36-2 　　　　　图2-36-3

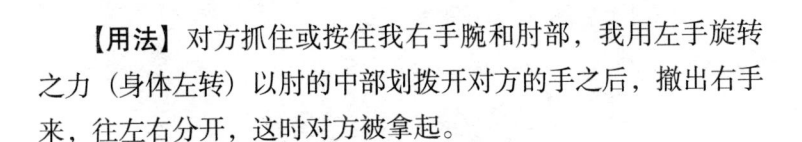

【用法】对方抓住或按住我右手腕和肘部，我用左手旋转之力（身体左转）以肘的中部划拨开对方的手之后，撤出右手来，往左右分开，这时对方被拿起。

2. 两掌前按

身体重心在右脚时，意想右手依1、2、3、4、5指的顺序前上方扎天，外形上两手心向前按；逐步变左弓步，当重心移到左脚时，想左手依1、2、3、4、5指顺序扎天，继续前按掌，直至到左弓步完成（似闭，也就是关门两扇）；重心在左

脚，目光平远视，意在左掌。（图2-36-4）

图2-36-4

【用法】接上动。我分开双掌拿起对方之后，随之意想指扎天，向对方左肩或正中前按。右坐步时，左手前臂接触对方，右手为阳，意在右手按空气，即将对方按出，这叫空手打人。变左弓步时，意念由右手转左手。（图2-36-5）

图2-36-5

或对方攃我双手，我意想手指扎天，即形向前，意向上避免双重。右坐步时，意在右手十宣穴。按到左弓步时，意念转到左手十宣穴，弓步前按，对方即失去重心。

第三十七式　抱虎归山

又称"十字手"，为收势。本式共6动。

本式指两臂分开携抱，而后两掌合成十字手于胸前，作为套路终了之式，故名。

1. 两掌下按

两腕松力，食指指尖向前舒伸，两掌心向下按（两掌下采），掌与膝平；重心在左脚，意在左掌，目平远视。（图2-37-1）

图 2-37-1

2. 两掌横分

右掌掌心向下向右平捋，但右掌动，不想右掌而要想左手（手心斜向后）向后扒；身体重心逐步移到右腿时，眼看八方线，手追眼神，即从正东先看到正南；右脚掌为轴，掂转脚尖（成正南），将右掌自动带过来；眼继续向西南看时，屈右膝，左脚自动蹬成正南正北，与右脚成川字步；看到正西时，右手追到西，左手在东，两手心向下，两臂略低于肩；重心在右脚，视线通过右手食指尖到正西，意在右掌。（图2-37-2）

图2-37-2

【用法】对方以左拳打我胸部，我以右手粘其左腕，右转身并想左手后扒，则对方失去重心。（图2-37-3）或再进右步锁住对方，右手反搂其腰，对方也失去重心。或掌心翻转朝天，对方也会仰翻。

图2-37-3

3. 两掌上掤

两掌欲上掤先向下，即先沉肩坠肘，想右手拇指托天，食指托天，中指托天，两掌变手心向上（臂外旋），两掌（随两臂上举）上掤；身随臂起，左脚跟到右脚旁（左脚虚着地），重心在右脚，意在右指尖；看右手。（图2-37-4—图2-37-6）

图 2-37-4

图 2-37-5

图 2-37-6

【用法】接上动。对方失去重心，被抱起，又摔下。

4. 两肘沉采

两掌在胸前交叉呈十字，两食指指天，其余四指微拢，意想两手食指顶两个球，球在转，食指里有气感；在转球的同时要逐渐蹲身，即想松踝（照海）、提膝（阴陵泉），到会阴，松尾闾，松腰（命门），松背（夹脊），松肩（肩井），松肘（曲池），松腕（阳池），一节节想，逐渐下蹲，重心在两脚；眼从交叉两掌中间平远看，意念从脚松到手腕，最后在两指指尖。（图 2-37-7）

图 2-37-7

5. 两肘平分

两肘同时松力，两合谷穴分别找两云门穴，即两肘同时向左右平分（肘打），两手在胸前按食指、中指、拇指的顺序相交，低头看球（从食指、中指、拇指相交后成的孔中下望，有泡沫球），这样开颈后玉枕关；重心在两脚，低头看球。

【用法】肘打。（图 2-37-8）

图 2-37-8

6. 太极还原

三环套月：就是将球按入神阙穴内。三环即食指、拇指为一环，中指、拇指为二环，肚脐为三环。（图 2-37-9、图 2-37-10）

图 2-37-9 　　　　　图 2-37-10

将球按进去，球开始有高尔夫球大，缩为乒乓球大，再缩为绿豆大，这时才收小腹，慢慢抬头，两掌拇指沿带脉分开，大拇指放在股骨两侧，两臂、十指松直（非僵直），十指向前，手心向下，两掌向地下沉采（按下去），借反作用力身子立起来。

调吸三次。吸气时肚脐贴命门，呼气时命门催肚脐，外气从鼻孔出去，内气沿股骨两侧阳脉到申脉，到足临泣、五趾、公孙，到照海，到解溪。

按下列次序放松（如泥皮脱落般），放松到哪里气就到哪里：肩、肘、手（1、2、3、4、5指），最后气到十指尖，指尖发胀。

手掌心贴股骨两侧，即内劳宫穴轻扶股骨两侧，觉得内劳宫穴贴处热，收小腹，活动手脚（如一次轻扶不热可再次或多次扶），这样从松静的行功态转到清醒态。（图2-37-11）

图2-37-11

第三章 太极原理重点讲解

一、太极拳与易经

太极拳论说："太极者，无极而生，阴阳之母，动静之机也。"在太极图说中解道：太极是研究易学原理的一张重要图象，它包涵了天地万物的共同规律在内，所以有人说它是宇宙的模式，是科学的灯塔。

《周易·系辞》说：太极生两仪，两仪生四象，四象生八卦。而八卦是易经的符号。

太极名家王培生老先生概括地说："太极拳是头顶太极，怀抱八卦，脚踏五行。"显而易见，太极拳的理论与易经是分不开的，换言之，易经是太极拳的理论基础。

现代拳家把太极推崇为太极文化来加以研究，而易经则是我国文化之开端。因为上古伏羲氏演八卦（易），那时还没有文字，而八卦就是文字的雏形，所以研究太极文化就不能不涉及到易经。

易经是仰视天文、俯查地舆、中通万物之情，究天人之变，探索宇宙之必变、所变的原理，阐明人生知变、应变、适变之法则，以为人类行为之规范。这一"天人合一"的哲学思想，称为"天人之学"，它是我国传统文化的基础，一切学术思想的根源，包括太极文化也在其中。

儒家将"易"冠为群经之首，而春秋战国诸子百家以及唐宋以后的各家学术思想，也无不源于易经的"天人之学"，因此，"易"在中国的学术史上的崇高地位不言而喻。

"易"有三种不同系统的易学。

连山易：夏代易学，从艮卦开始。

归藏：商代易学，从坤卦开始。

周易：周代易学，从乾卦开始。

夏、商二易早已失传，今日流行之易学即周易。

易经的符号是八卦，称为卦符。每一卦符又由三个爻组成。阳爻"—"代表阳、刚、男、强、动、奇数等，象征积极事物，阴爻"— —"代表阴、柔、女、弱、静、偶数等，象征消极事物。易由八卦到十翼到太极阴阳五行，源远流长，经过历代许多圣贤学者的心血积累而成。汉书说：易道深，人更三圣，世历三古。这还不包括宋之太极图的研究。

宋代周敦颐在太极图说中写到："无极而太极，太极动而生阳，动极而静，静而生阴，静极复动，一动一静，互为其根。"这几句话正是太极拳在行功中的太极内功之状态。

太极名家王培生老先生曾说：学习太极拳要明理，明理的明字，横写为日、月，日为太阳，月为太阴，明阴阳之理也。竖写明字为"易"，易即变（运动），即阴阳变化之理。它包括太极拳之虚实、动静、刚柔、进退、张弛、粘走等形体及太极诸劲。

王培生老先生著述中说的"头顶太极"，应当理解为太极拳在行功或推手时，大脑思维时时离不了阴阳哲理，违背阴阳哲理即犯双重之病。太极拳论曾说："每见数年纯功不能运化者，率皆自为人制，双重之病未悟耳。欲避此病，须知阴阳。"所以在太极拳演练中，由体到形，由表及里，无一违背阴阳之理，否则枉下工夫，难以登堂入室。

"怀抱八卦"即太极八法（八种手法）。所属经络脏腑位与八卦的对应关系如下。

一掤：在八卦中是坎中满（☵），方位正北，人体对应穴位是会阴穴，此穴属肾经。

二挒：在八卦中是离中虚（☲），方位正南，人体对应穴位是祖窍穴，此穴属心经。

三挤：在八卦中是震仰盂（☳），方位正东，人体对应穴位是夹脊穴，此穴属肝经。

四按：在八卦中是兑上缺（☱），方位正西，人体对应穴位是膻中穴，此穴属肺经。

五采：在八卦中是乾三连（☰），方位隅西北，人体对应穴位是性宫和肺俞两穴，此穴属大肠经。

六挒：在八卦中是坤六段（☷），方位隅西南，人体对应穴位是丹田，此穴属脾经。

七肘：在八卦中是艮覆碗（☶），方位隅东北，人体对应穴位是肩井穴，此穴属胃经。

八靠：在八卦中是巽下断（☴），方位隅东南，人体对应穴位是玉枕穴，此穴属胆经。

"脚踏五行"即五种步法，指进、退、顾、盼、定，即金、木、水、火、土，对应关系分述如下。

一前进：五行属水，对应穴位是会阴穴，属肾经。

二后退：五行属火，对应穴位是祖窍穴，属心经。

三左顾：五行属木，对应穴位是夹脊穴，属肝经。

四右盼：五行属金，对应穴位是膻中穴，属肺经。

五中定：五行属土，对应穴位是丹田穴，属脾经。

综上所述，八法五步与易经之卦、宇宙之位、人体之穴（经络）三者对应关系都有了详细论述。

笔者从王培生老先生学习拳艺十余载，兹将上述太极拳哲理，综合在一张后天八卦图中（见附图后天八卦图），有不妥之处，请太极爱好者指正。

后天八卦图

从内向外：（一）太极图象　（二）五步（中定来注）
（三）八卦卦符　（四）八卦卦名　（五）方位
（六）脏腑　（七）太极八法　（八）对应穴位
（九）五行　（十）八门

二、如何克服双重之病

王宗岳在《太极拳论》中说："每见数年纯功不能运化者，率皆自为人制，双重之病未悟耳。"

在习练传统太极拳的多数人中，这是个亟待解决的问题。我查阅了几部太极名家的著作，对双重的问题见解各有不同，举例如下：

其一，经济管理出版社出版的《杨式太极拳老六路内功解秘》第260页说：古人云，持德者昌，持力者亡。易曰：天行健，君子以自强不息。盖言虚则灵，灵则动，动则变，变则化，化则无滞耳。善应敌者，常制人而不制于人，而况自为人制乎。用功虽纯，苟不悟双重之弊，犹未学耳。

评：文章引经据典，首先就具备有了权威性。文章写到"持德者昌，持力者亡"。我认同这句话，德者意也，符合太极之理，只是太抽象了一些，具体如何解决双重之病，则未言也。

此书作者又引用了易经的"天行健，君子以自强不息"，这句话引用的是《易经》六十四卦中的第一卦，乾卦的象辞，乾三联与乾三联重叠成天，天体运行，日复一日，从不休止，君子就应自强，努力不懈，力求进步。我认为此卦与《太极拳论》中的双重之病是风马牛不相及，扯不到一块去。

其二，山西科学技术出版社出版的《古拳论阐释》第245页说：形的虚实开合，及上下相随方法，可不犯双重之病，内劲以丹田气海为中心的外发内收为用，可不犯双重之病，内劲与形体配合有逆从之法，阴阳动变平衡，可不犯双重之病，任何攻防招法变化，保证中土不离位的基础上，乃自身内不犯双重之病。

评：此文把外形与内劲，丹田与气海，外发与内收，逆从之法，动变平衡，中土不离位……这些拳术理论罗列起来，如何不犯双重之病，读完之后，仍是一头雾水，只能望文兴叹了。

其三，当代中国出版社出版的《大道显隐》第264页说：双重之病，病于填实，与沉不同也。双沉之不为病，自尔腾虚，与重不易也。

评：文中之义，双重之为病，是由于实，双沉之不为病，是由于虚，也就是说克服双重，只在虚实上下功夫，在实践中（推手与散手）具体虚实落于何处？还是不够明确。

上述几位作者，都是太极拳名家，其水平造诣均臻高级阶段。在双重问题上，非不明也，乃实不欲言耳。毋庸讳言，武林中对技艺保守、保密非常严重，对一些高深技艺，只传子女或爱徒，对一般学子是泛泛而言，只教些皮毛，从不讲实质的内涵。有一篇序言中写到，世人演练太极拳，而得太极拳之真谛者可谓凤毛麟角，岂不闻内家拳术精微所在，亦深自秘惜，掩关自理，学子皆不得见，不少有志上进之后学，临太极之门径，望洋兴叹。致使太极拳水平每况愈下，推手变成了顶牛，将对方顶出圈即为胜者。

笔者今年86岁，30年前由于患冠心病，开始学太极拳，有幸拜在王培生大师门下，仍属业余太极拳爱好者，在拳的道路上仍属后进，虽后仍进。在50年代，我们曾经学过前苏联的巴甫洛夫的"条件反射论"，即人的身体某一部位受到外力（外界）的作用或刺激，身体的那一部位未经大脑指挥，不自觉地马上进行抵抗或躲闪。从而避免了外界对自己的伤害。这种不自觉的自我保护就是"条件反射"。这在太极拳理论中就叫做丢与顶。太极拳是高级的技击，就利用你这不自觉的条件反射的丢与顶（双重）来击败你。也就是说，对方的力作用到你的身上某一点上（接触点），你用重力在这一点上去抵抗，双方的力集中在这一点上，这就叫做双重。

如果你能在思想意识上（意念）丢开接触点上对方的力，把它转移到你的食指端（十宣穴）上，这叫错点，对方的力对你就不起作用，因而可以做到岿然不动。

我的结论是：无论在攻与防上，意念上丢不开接触点就是"双重"，能在意念上利用错点丢开接触点，就不是"双重"了。如果说双方都明此理，孰胜孰负？就看你把接触点丢得干净与否，这就是水平问题。和"松"这个概念一样，是相对的，不是绝对的。

举个实例，对方用力抓住你的右腕使你动弹不得，你这时用右腕努力去挣脱，双方的力都在你的右腕上，这就是"双重"。当然，谁力大谁胜，谁手快谁胜，这是外家拳，不是太极拳。如果这时你把右腕松垂，把点错到你右手食指端十宣穴上（能感到食指端有气感），食指端是个鱼钩，用意念钩住对方左脚外踝申脉上，因他的接触点是右手手心，右手与左脚在生理学上是交互神经的对应点，你一转腰，右手定位随腰而动（实际右手未动，只是意在右手食指十宣穴上），即把对方掷出。

把右腕的力点错到右手食指十宣穴上克服了对方的力是阴，同时意念钩住对方左脚外踝申脉穴而将对方掷出是阳。这就是阴不离阳，阳不离阴，阴阳相济。叙述有先有后，但阴阳互动，没有先后的时间差。

再举一个实例，对方用手推你的胸部，其手尚未上前，你已然做到空胸紧背（气贴背），胸部有了接触点，把该点转移到右手食指十宣穴上，十宣穴指向对方中心线，通过中心斜向对方身后一点，超其象外得其寰中，你只是指向空气，并未接触对方实体，对方已仰跌而出。

我总结了一个口诀："尾闾上三山，错点到指端，手动身腰定，身动手相连。"上述只是一己拙见，尚望明家斧正。

交互神经解。

行走时向前迈左脚，则右手自动向前摆出，迈右脚，左手亦同时自动向前摆出。双脚跑得越快，双手摆动得越厉害，走与跑用的是脚，不是手，手为何如此摆动？这在生理学上叫做交互神经，这是不自觉的动作，目的是保持自身平衡。

在交互神经上有对应点，左肩与右胯，右肩与左胯，左肘与右膝，右肘与左膝，左手与右足，右手与左足，左手拇指与右足小趾……右手拇、二、三、四、小指与左足小、四、三、二、大趾为对应点。王培生大师利用西方生理学交互神经特点，将其运用在太极拳的技击上。破坏对方的平衡也是交互神经对应点，是一大贡献。例如，你要沉采对方右肘，把注意力放在对方右肘上，即犯双重之病，而应是采对方右肘时，意念放在对方右肘对应点——左膝委中穴上，对方即应手而扑。

三、细析揽雀尾

"揽雀尾"一式，过去叫"懒扎衣"。扎衣是指在动手前（技击或劳动），先把衣服的下摆（长衫）盘在腰间，动作利落。懒扎衣是不屑扎衣，表示心静放松，却有轻敌之意。兵法云："怯敌者必败，轻敌者必败。"说的是两军战前的两种不正常的心理状态。大部队作战是如此，各人角技技击亦如此。

如何克服非此即彼的两种心理状态，武术前辈把此式命名为揽雀尾，非常高明，把敌人的来手比喻为鸟雀的尾巴。设想一个鸟雀的尾巴扑通在你脸前，你能轻视它吗？但是你也不会恐惧它。有了这个意识，也就克服了轻敌或怯敌的心理状态。再说揽字，缆绳揽住了船舶，船可以顺潮浪来回飘动而跑不了，但它又不是捆绑，这就体现了太极拳的粘黏劲。另一含义是：太极拳出手要像绳索一样轻柔，而不要像棍棒一样僵硬。

太极拳套路中有81式、83式或108式，其实基本式子只有37个，其他都是重复动作，在37个基本式子中，揽雀尾可以说是"核"。它包含了掤、捋、挤、按、采、挒、肘、靠八种手法。能把这一式弄明白了，吃透了，对其他式子虽不能说迎刃而解，也明白了多半。现在就把吴式太极拳中揽雀尾一式的八动分述如下。

第一动　左抱七星

在前一式（太极起势）结束后，呈马步下蹲，体重分布于两腿上。按太极原理，"阴阳脚下分"，实腿为阴，虚腿为阳，这时阴阳不分。我查阅了三位名家著作（姑隐其名）都是重心右移，由马步变成了右坐步，出现了阴阳，右腿为实腿，为阴；左腿为虚腿，为阳。由于身体交互神经的结构，则左手为阴。左抱七星开始左掌上掤（阴），如何掤得上去？这就违背了阴阳哲理，对读者来说就是误导，这岂不是以其昏昏，使人昭昭吗？王培生老师在著作中说：体重不右移（仍呈马步），右腕上提，有意无形，则左踝感到沉重；右肘上提有意无形，则左膝感到沉重；右肩上提有意无形，则左胯感到沉重。这时外形两腿不分阴阳，实际上，左腿已是阴、右腿已是阳了。按交互神经结构对应点来说，右腿为阳，则左手亦为阳，这时意念放在左手上就可以上掤了（意念永远在阳手上）。

一般对上三路的来手（胸部以上）是采用向上或向外格架，但对方另一只手仍可击来或以腿踢来。太极拳的"左抱七星"是向身体正中掤起，实际上是以拇指为轴，四指为轮向上旋起，是沾着对方右前臂向上旋起（是粘黏劲，不是硬碰硬的格架），沾着对方的右臂，意想对方的左腿（交互神经对应点），对方就会被整体向左提起，因被搜根而成败势。同时自己体重右移，右肩背后催左胯（后三合），左脚伸出，脚跟着地，为脚踏中门做准备。所谓"七星"是头、左肩、左肘、左手、右胯、右膝、右脚这七个活关节。头、肩、肘、手为斗勺；胯、膝、足为斗柄。

注：如果认为意走手、肘、肩，即梢、中、根三节太慢，可用意念把丹田气沉放左涌泉穴，也会感到左腿沉重。虽然外形未动，仍呈马步势，但阴阳已分，左腿为阴，右腿为阳。

第二动 右掌打挤

意在左掌拇指松垂去合右脚小趾，则左掌自动横于胸前，右掌根贴于左手脉门处，右肘催左膝（委中穴），由右坐步变左弓步，同时背后夹脊穴去合左涌泉穴，涌泉穴要有反应，有腾挪感。要找夹脊，左掌食指为轴，内旋不超过30°。右掌以掌根为轴外旋，不超过30°，去摸左脚，对方即被挤出仰翻于地。

注1：夹脊为阳，涌泉为阴，阳去合阴，阴要有反应。回抱阳，前脚有腾起之意，自身体重会落到对方身上，对方成了自己的前脚，自己前脚以脚踏对方中门。

注2：两掌可不做内旋、外旋30°，而是左掌走横（先走），右掌走直（时间差很短），对方即被击出。

注3：打挤时，右掌掌根托在左臂弯曲池穴处，两小指少冲穴像剪刀一样相合，同时身体由右坐步变左弓步，夹脊合涌泉，对方即败出。

注4：目中无人，变左弓步同时，自己用右掌心击打自己左前臂内关穴处，对方即出。

第三动　右抱七星

左掌不动，右掌掌根沿左掌拇指方向由正南挥向西南，再到正西，右手挥向西南45°时，左脚跟为轴，脚尖虚起，收小腹转向正西。这时重心在左腿（为阴），右手亦为阴。如果对方用手阻住你的右臂，你就挥动不了。这时你可用眼神看正南（景门），手追眼神再看西南（死门），手仍追眼神挥向西南，眼神再看正西（惊门），手仍追眼神挥向正西，对方即被掤出，这叫神打。另一种是意打，右臂向右前伸展时，意想左掌心（为阳）塞向右脚心，而外形是左掌心塞在右肘尖下，翻左掌心向上，左合谷穴找右曲池穴，同时右脚跟一收，脚尖朝向正西。翻左掌收右脚时，带动腰向右转，左肾托右肾，这叫"转腰子"，对方即被掤出，这叫意打。此式用神、用意匀可。

第四动　左掌打挤

与第二动右掌打挤要领相同，只是左右互换。

第五动　右掌回捋

右掌向右前方舒展时，拇、二、三、四、小指依次想指甲盖托天，十宣穴前放一尺二（四拳距离）。当对方抓住我右手腕向后沉采时，我顺其势用手指端向前送出，对方即已失重。右掌向前送到极限，膑骨已到前脚大趾的大敦穴时，我将右气冲穴合在右腹骨沟上，稳定身形，支撑六面劲。把小指、无名指、中指轻贴在对方右手外关穴上（因对方右手抓在我右腕上），食指一想挑眉毛（给对方一个假象），马上拇指弹尘，右肩背后一合左胯，右掌捋在胯侧（后三合），这叫如长山之蛇，击其首则尾应之。和对方接触点为右腕（为蛇头），我用右肩（为蛇尾）合左胯，采捋对方右腕外关穴（阳），要想对方左脚腕照海穴（阴），对方即前倾跌。

第六动　右掌前掤

前动定势已成左坐步，重心在左脚为阴，由于交互神经结构则右掌亦为阴，左掌为阳。意在左掌翻右掌，使之掌心翻向上，意念托起右脚。左肩找右胯（前三合），肩胯一合，右脚尖自然翘起，左掌沾着右掌，使右肘少海穴垂直一线，从右膝外侧（右阳陵）经膝后委中穴到右阴陵穴，到左阴陵穴前到左阳陵穴，呈一S路线，腰也随转。再想左肩从背后合右环跳穴（后三合）把右手送出，意在左掌沾着右掌脉门送出，送向西南转向正西。由于阴阳虚实之太极哲理，虽然名为"右掌前掤"，但重心在左腿，阴阳脚下分，左腿为阴，则左手为阳。意在左手，左手为主动，右手为从动，是主从动关系。

第七动　右掌后掤

外形是右掌向后方走外弧线移动，谓之"右盼"。有位老师说左顾右盼，就是左旋右旋，说左顾右顾可以，说左盼右盼也可以，而说左顾右盼是避免雷同，听起来提神。中国的汉字非常严谨，盼是盼望，有上仰之意，顾是照顾，有下俯之意。所以我认为左顾是下旋，右盼是上旋。左顾是逆时针的下螺旋，右盼是顺时针的上螺旋。这由身体内部结构而定，是顺乎自然求自然。有人编新拳式，来个左右揽雀尾，认为运动上全面，实际上是违背了自然规律，逆反了身体内部结构。我个人这样认识，有待商榷。既是右旋，就要注意一点，不能丢顶，百会要和会阴上下一条线，全凭左右转。右掌向右后方移动到拇指与丝竹空穴等高。移动右掌不要想右掌，要以会阴穴为轴，尾闾穴为半径右旋。右环跳穴为半径右旋，右肘少海穴为半径右旋，这叫"尾闾带胯肘，劲源自上手"。接触点在右掌，意不在接触点上（否则即犯双重之病），而在尾闾、环跳、少海三条弧线上，即把对方掤出，或用粘黏劲把对方粘出。

第八动 右掌前按

按以前，右掌拇指在丝竹空（眉梢处）沉肩坠肘，使拇指合一下右地仓穴（嘴边）。这时如果对方抓住我的右腕我就动不了。这时我的重心在左脚（为阴），我只要想左肩与右胯相合（前三合），便自动克服了外来阻力。合到右地仓穴上，右脚尖扣向正南，形成丁八步，右掌同时按向东南，重心在左脚（为阴），左掌亦为阴，这样做是克服不了外力的。左掌为阳，意在左掌，沾着右掌的脉门向东南按出，左掌为主动，右掌为从动，是主从动关系。使右掌拇指从右地仓穴合到了左地仓穴。此时重心仍在左脚，眼观东南杜门，右掌随眼光按向东南杜门。杜门意即关门。右掌犹如按在一堵墙上，反作用力反倒把体重按到右脚上，此时出一靠劲，再一想玉枕穴，躺在枕头上，我一舒服，对方就不舒服了，我用右肩即将对方靠出。此时再将右掌按向西南，对方抓住我右腕，我按不出去，此时丢面打点，想拇、食、中、无名、小指顺序向下旋向西南，即将对方按出。右掌拇指与右脚小趾垂直成一线。揽雀尾一式八动即完成了。

第四章 弟子心语

汇编感受

俞克贤

吴式传统太极拳八十三式和三十七式是前辈为后人留下的宝贵财富，是传统文化的载体，是健身强体、造福于民的无价之宝。赵琴老师身为吴式太极拳的第五代传人，多年来以传承太极文化为己任，一方面体悟综合，性命双修，不断提升个人造诣，一方面毫无保留地向弟子和学生传授拳艺，使众人受益，深受大家的爱戴。

八十三式授课实录由老师的学生苏云、李长庚记录，经周宏策整理，梁杰灿再度整理后，老师几次批阅，对实录进行了详细的修订，还特别撰写了"太极拳理"，为初学者答疑解惑。

作为老师的弟子，我在为本书初稿做最后汇编的时候，内心诚惶诚恐。自己学拳时间不短，但是在理论和实践中离老师的要求还远。能极尽全力做好本书的基础工作，是我最大的荣幸。其中若有疏漏，敬请指出，以便今后更正。

学拳练功

王同元

在跟随赵老师学拳练功的过程中，我在老师身上看到了什么是对太极拳的爱，什么是认真、执著和苦练、研悟。他在自身修炼上精益求精，重视规范，体悟拳理，验练拳法，可谓是明拳理、得拳法。在授拳教徒时对学子要求严格，无论是弟子还是学生，同样对待，经常强调的要求是要打个明白拳，要知道太极拳的阴阳哲理，要懂得八门五步十三式的内在，阴阳脚下分是怎样分的，上下相随是怎样随的。若不明白，他就用易懂的齿轮转动中主动轮与从动轮的关系生动地分析讲解，直至我们懂了为止。

在应用的着法传授上，他对每一式一动均认真分解示范。更让人感动的是80多岁高龄的老人为了让学生们明白其法，还要做靶子喂手来讲解和体验。每当听到"有了，不行，对了，再来，好……"的时候，我们内心的感受和滋味是无法用语言来表达的。就这样，我们掌握了一些东西，将它应用在打拳练功上，也就自然不自然地做到了拳论上说的"有人之处似无人，无人之处似有人""由着熟渐悟懂劲，懂劲后越练越精"的要求，也就有的放矢了。

在给我们讲解王茂斋宗师所传吴式太极拳老架子八十三式时，他毫无保留地把其精髓随着套路将意念活动以循经走穴等方式传授给弟子和学生们，得其法后，应用在盘架子的每一式和每一动中就顺其自然地做到了"以心行意，以意寻气，以气运身"，在自然中得其法，见其功，顺其自然而求自然，这是多么自然的太极化呀！有如此无私和德高望重的老师，用如此无私而独特的太极化方式，为我们入门引路，真可谓是我辈的幸事。

学拳十年

钟 戈

我跟随赵琴老师学习吴式太极拳已将近10年，虽不敢说拳艺精进，也颇有收获。偶尔回首，觉得10年来最大的收获，就是学习打太极拳给个人生活带来的变化。

我比较喜欢运动，高中练长跑，大学打篮球，工作以后学会了游泳，每每乐此不疲。2002年夏季，在陈友元师哥的介绍下，跟随赵老师练习吴式太极拳。初学数年，懵懵懂懂。古稀之年的赵老师不辞辛劳，经常拆招喂手将我发出数丈开外，自己却总是体会不到太极劲运用之法，有时也很苦恼。直到练习拳架两年多后，一次和陈友元师哥切磋，使用赵老师所教方法发劲，陈师哥一边化解，一边告知我他感觉打到他身体何处部位上了，那一时刻终于有茅塞顿开之感，总算学入门了。后面再练拳，老师的各种教诲逐渐都听进心里，用在身上，感觉收获越来越大，进步也越来越快了。2010年10月拜师入门。

现在，除去太极拳锻炼，平常我再无其他锻炼方式。我的工作是做计算机软件，工作压力很大。通过打太极拳，在保持高强度工作的状态下，就是有跑、跳等剧烈运动也仍感觉步履轻盈，呼吸顺畅。日常说话，中气很足。偶有小病，吃点中药即好。可见太极拳健身之功效！为了学好太极拳，阅读了很多介绍传统文化的书籍，开拓了视野，陶冶了情操。待人处事，不知不觉之间常使用太极之思维，感觉生活顺畅了不少。太极拳艺成为我最宝贵的人生财富。

赵老师从50岁开始，师从一代名家王培生练习吴式太极拳，几十年来，造诣极深。传统武术界在传授武学方面还是很保守的，但赵老师没有这些积习。他知自己学拳的不易，故在教学中，拳意、心得都是倾囊相授，这一点很多学生都很感激。赵老师教拳极其认真，备课、授课、言传身教一丝不苟，一招一式都拆解成很具体细微的动作，让学生逐一练习，评审指点，直到合格为止。赵老师讲授的吴式传统太极拳，严格遵循了王培生师爷的循经走穴、"意气君来骨肉臣"等特点，要求一举一动，无不意在手先，同时辅之以各种太极劲发人的喂手训练。这种言传与身教紧密结合的教学方式，最大限度地帮助学生领会太极拳艺的奥妙，并在正确的方向上努力学习，进而拳艺日进。赵老师为人友善，德艺双馨，无论是在吴式门派还是在其他太极拳门派中，都有很高的口碑。老师勤于学习、思考，博采众长，时有独到的心得体会，并不断将这些心得无私传授给徒弟们。能成为赵琴老师的学生，我感觉三生有幸！

从大众到小众

李 辉

10多年前，我因为身体不好，接受友人的建议，开始习练太极拳。从二十四式太极拳开始学起，渐至各式普及健身的拳、剑、扇，体质大有改善。因少年时学过舞蹈，达到静、松、正、圆的标准不甚费力，以为太极不过如此。

2009年夏天，因写《口述抗战历史》之故初识赵老师，知老师是50岁以后开始习练太极拳，后拜王培生老师学习吴式太极拳，30年如一日孜孜以求，卓有成就。所著《半瓶斋诠注》一书，将吴式三十七式太极拳的健身与技击要点分段评注，给初学者和研究者提供了一份新鲜而独特的教材，甫一出版即受到好评，首印的5000册半年之内销售一空。遂萌学拳之意。

受老师的抬爱，2010年10月拜师入门，方知太极天地之深广,深觉自己见识太短。

简言之,现在的太极拳大约分为两类,一类是竞赛套路,这是根据传统太极拳再次组合的套路,年轻运动员的基本功扎实,加上精心编排的套路,打起来行云流水一般,非常漂亮。它的一个分支是健身太极拳,以竞赛套路为教学样式,简化和易化之后,成为大众健身项目,晨练的主要形式之一。一类是传统太极拳,历代走师承形式,实行言传身教,手把手,一一对应。传统太极拳每一动里所包含的阴阳转换、穴位经络间的对应和路线,乃至养生和技击等内容,非常深刻,属于小众习练项目,不易推广。我由健身太极而转学传统吴式,看着老师的动作不复杂,讲述也听得明白,就是自己一动手一伸足,完全晕之乎也。

起初,最大的困难是不知什么叫阴阳。竞赛套路是不讲阴阳的,讲究外形动作的规范,集体打拳时的整齐划一,比如手臂的弧度、脚的位置等等。而传统太极的阴阳,如老师说的:循环无端的太极阴阳哲理,规范着太极拳的一笔一划。这个理解起来很难,在盘架子的时候,怎样做到阴阳脚下分?就算是心里想着,还是常常做不到位。此时动作的变化,不再是单纯的技术动作,而是应阴阳变化才发生的肢体变化。所以,每当练习时,必要想着老师授课的重点话语,才能勉勉强强打下来。跟随老师学拳将近一年,进步不大。面对老师,经常觉得惭愧。

最近看老师前些年打三十七式的录像,如观唐之魏碑,魄力雄强,气象浑穆,我觉得这应该是我的目标。

拜师于千里之外

马振宇

我是2005年开始学习太极拳的,一练就是4年。在4年的学练中,总觉得不甚得法,进步不大。为此,阅读了很多太极拳书籍及太极拳"拳经""拳论"。没想到,越是学习,反而不知其所以然,更不会练了,很是苦闷。后来为了查找更多的太极拳的文章,在网上看到太极大师王培生先生的吴式三十七式太极拳的视频,这才感觉到了什么是太极拳。

为了收集王培生先生的更多资料,我跑遍了太原的各大书店、旧书市场,但一无所获。时隔月余,在一家书店发现了我的恩师、王培生先生的入室弟子赵琴先生所著《吴式太极拳三十七式诠释》一书,如获至宝。我曾两次进京寻师,在2010年第二次进京寻师时,有幸见到了赵琴老师,次年的5月1日正式拜师。我一共进京三次,和师傅学拳总共不到一月,效果却非昔日可比。

古人云:师傅领进门,修行在个人。学习太极拳也一样,要有名师领路。我说的名师不是名声很大,而是明理的师傅,要明太极阴阳之理。赵老师传艺,诚心诚意,认真负责,对弟子们有怜才育才之情,成为他老人家的弟子是我的福分。

跟老师学吴式拳两年有余,有了一点心得,以前练太极拳"松"不知从何处下手,经师傅指点,现在不但能"松",在"松"的同时找到沉的感觉,节节贯穿随之也有了。现在练拳杂念也少了,它总要求想某一个穴位或某一点,这就是师傅讲的"一念"破万念。通过外三合的要求,劲力也练整了,打起拳来圆意也有了，精、气、神也往一处聚了，练拳时注意"交互神经"及对应点，上下相随的问题也就解决了。

以前在推手时，很难做到不顶，克服顶的同时又容易犯扁的毛病。练拳时，仔细体会师傅传的口诀："尾闾上三山，错点到指端，手到身要定，身动手相连。"渐渐地去掉了"顶"和"双重"的毛病，扁的毛病也就在没出现。再加上"交互神经"及时应对，阴阳相济，推手的能力也提高了很多。师傅说拳讲得最多的就是阴阳，每一动、每一式都要讲到阴阳。其次是意念、意念和阴阳的关系，我得到的体会是在整个太极拳及推手的运行过程中，是全由意念完成的，它走的是连续的弧线，而且是虚线及点状线，由一点到下一点。

学太极拳记

陈长福

15年前，我得了重症肝炎、肝急剧萎缩，经治疗病愈出院，心情低落到了极点。与我前后住院治疗的6个人，亲眼看着走了4个。命是捡回来了，今后会怎么样呢？医生对我说：这种病，预后不良，好自为之。太太说：得这样的病，只有5%的人能够成活下来，你算是幸运儿了。第二年，查出肝硬化。医生说：这是比较好的结果，这样可以多活几年。从此，我开始了漫长的求医之路，大大小小的名医，高高低低的医院，我求了一个遍，结果却是胆结石手术后，反而发展成中度肝硬化、腹水。办理病退之后，开始了新的求医之路。这次，我向传统医学求助，通过不断的治疗和调理，身体逐渐好转，暂时没有了性命之忧，但身体依然很差，恢复健康的速度很

第四章 弟子心语

慢。通过多方了解，听说打太极拳可以强身健体，我把恢复健康的目标指向习练太极拳。

但是，问题来了，第一个问题是学什么？我翻遍了书店的有关书籍，发现太极拳之外还有太极剑、太极扇等等，种类很多，套路更多，令人我这个门外汉眼花缭乱。除此之外，我年近半百，身体又是这个样子，真是不知怎么办才好。只好先从了解入手吧。我一头扎进太极拳的书籍里面，多看多读，通过几个月的了解，觉得吴式太极拳应该适合我。第一，吴英华、马岳梁、杨禹廷等老前辈都是90多岁天年而去，吴图南更是享年105岁，那么它应是一个长寿拳。第二，以柔和为主。我身体当时很弱，陈式拳的刚猛之动作肯定不适合我，这种君子拳对我再适合不过了。第三，把意念放到第一位，按恩格斯的说法，运动的最高形式是思维运动，对身体的恢复再好不过。我心里认定练吴式太极拳。

第二个问题是跟谁学？正愁找不到老师的时候，天助我也，某天又逛书店的时候，我发现了赵琴老师的《半瓶斋诠注——太极拳的健身与技击作用》。老师曲折而奋进的人生，对太极拳的深刻了解，豁达严谨的态度，这一切，让我产生了强烈的震撼、强烈的共鸣，更重要的是老师不保守。我认定这就是我的老师，上北京，拜师去。

2010年10月，我成为老师的学生，2011年5月，拜师入门成为老师的关门弟子。通过一年多老师手把手的教导和练习，有如下收获：

1. 身体逐步健康。一年前脸上的青黑色基本消失，逐渐泛出红光。原来疲劳过度，要一两月个才能恢复，现在一两天就能恢复。

2. 头脑越来越清爽，越来越明晰，原来一天到晚都是昏昏沉沉的，不能做事。

3. 对传统文化领会越来越深刻，特别是对阴阳的理解，原来基本上是停留在字面意思，现在对它有了实质上的理解。

4. 做人做事也越来越理性。太极拳也是教人如何做人的拳，立身中正，也是做人的基本准则。

感受还有很多很多，一句话，收获极大。这一切，全拜老师所赐，在此，我向老师深深的鞠上一躬：谢谢您！

太极拳是门精确的学问

关　勤

太极拳是什么？很长时间我被这个问题困扰，试图去找到一个答案。在跟老师学拳的一年左右时间里，我觉得我离找到这个问题的答案越来越近了。

初学太极，是在大学的体育必修课上，教二十四式简化太极拳的老师很敬业，仔细教每个动作，弓步开多大，手到什么高度。那时的太极拳对我来说，更像是软绵绵的体操，一种很有欣赏性的全民体育运动。之后参加了学校的太极拳协会，课余学习过太极拳新架、老架，以及太极刀、太极剑等。一段时间之后，发现接触了不同的套路，记住了更多式子，而对太极拳的理解，还停留在套路招式的阶段，几个月之后，便索然无味。民间传说的太极拳，时有隔空发人的玄妙；或者是养生的灵丹妙药，能医治百病。加之太极拳内涵丰富，兼有技击和健身的作用，似是而非的宣传也让我这样的初学者不知所从。

直到跟随老师学拳之后，才对这项运动有了新的认识。在

第四章 弟子心语

学习过程中，逐渐发现，太极拳不但是武术，也是一门精确的学问。

首先，太极拳是可以检验的。比如放松。老师讲的放松，如何沉肩坠肘，如何涵胸拔背，再如何做到松腰和松胯，环环相扣。初看时觉得没有什么特别，但是在实践过程中才体会到，原来放松的感觉可以是这样的。按照老师的方法，我在放松过程中体会到拔背虚领的感觉。这种感觉，缺了任何一个环节都体会不到。再有一次老师在演示"如何克服双重"时，我用双手抓老师的手腕，老师意念上丢开手腕后，一个肩找胯后三合，打得我眼冒金星，至今记忆尤新。

第二，太极拳是可以推导的。老师归纳而出的吴式太极拳的三个基本特点，一是东方易学的阴阳哲理，二是西方生理学的交互神经对应点，三是内经的经络穴位。老师在教学中始终贯穿这三点。套路中的每个动作是否到位，推手过程的实际运用，都用这三个基本特点去解释。但是，学拳有没有自我检查的方法？我觉得是有的，至少自己在练拳的过程中，就常常拿这三点作为一个标准来自我衡量。有了这套标准，我越来越觉得，太极拳有章可循，不是不可捉摸的玄幻之学。

老师常用物理学中的杠杆、螺旋来解释太极拳中的力，市场上也已经有专门用力学原理来解释太极拳的书籍。遵循老师的教导，再结合这些书，我试图根据所学的物理知识，去体会太极拳中的不同的力。在这个过程中，我感觉太极拳更像是一门科学，是可以用定理去证明，用基本原理去推导的学问。在太极拳的学习过程中，感觉越是去钻研，越能体会到太极拳大道至简的美妙。

第三，学拳有没有窍门？很多人说，窍门就是多练。我觉得这个说法不科学。多练，一定要知道怎么练。如果不明白太

333

极拳的要领，很难坚持练习，也很吃力，或者越是坚持，偏差就越大。明确和掌握了正确的要领，就能练一次有一次的体会，练一天有一天的体会，每次都不相同。以前有一段时间，上一天班，总是会觉得累。坚持练习，便会感觉神清气爽，即使偶尔加班也不感觉到累。如果练的不够，那种容易疲乏的状态很快会找上门来。

  我有幸能从老师这里受益，体会到太极拳的博大精深。浅尝之后，自不甘于此，也希望能在以后的学习中，对太极拳有越来越深入的理解。

后 记

《太极拳授课实录》如期付梓，是个好事，这本书在赵琴老师多年授课实录的基础上整理而成。赵琴老师从事吴式太极拳教学已有20多年，学生者众。他为教学方便，每一次讲课之前都认真准备教案，并在教学实践中不断改进修正。本书就是根据授课实录整理成册的，现在，人民体育出版社编辑出版，丰富了太极拳的教材，为更多的吴式太极拳爱好者提供习练的指导。

赵琴老师今年已经86岁高龄，在本书的编辑和光盘制作过程中，得到多位徒弟的倾力相助。他们是周鸿策、俞克贤、关勤、李辉等人，在此一并表示真诚的感谢。

赵琴老师年事已高，已不便经常授课。如有同好或愿交流者请与赵琴老师和徒弟联系。

赵　琴：dan ping zhai@yahoo.cn
关　勤：11927242@qq.com
马振宇：1062468073@qq.com

作者内助　张凤雪
2012.04.30

图书在版编目（CIP）数据

太极拳授课实录 / 赵琴著. - 北京：人民体育出版社，2012（2014.1.重印）
ISBN 978-7-5009-4327-3

Ⅰ.①太… Ⅱ.①赵… Ⅲ.①太极拳-套路（武术）
Ⅳ.①G852.111.9

中国版本图书馆 CIP 数据核字（2012）第 171875 号

*

人民体育出版社出版发行
三河兴达印务有限公司印刷
新 华 书 店 经 销

*

850×1168　32 开本　11 印张　257 千字
2012 年 11 月第 1 版　2014 年 1 月第 2 次印刷
印数：5,001—10,000 册

*

ISBN 978-7-5009-4327-3
定价：32.00 元

社址：北京市东城区体育馆路 8 号（天坛公园东门）
电话：67151482（发行部）　　邮编：100061
传真：67151483　　　　　　　邮购：67118491
网址：www.sportspublish.com
（购买本社图书，如遇有缺损页可与发行部联系）